Dra. Caren Fernanda Muraro

OS VILÕES DAS SOFT SKILLS

Seja mais eficiente e produtivo rompendo seus cadeados mentais. Conquiste as **POWER SKILLS.**

Literare Books
INTERNATIONAL
BRASIL · EUROPA · USA · JAPÃO

Presidente do conselho:
Maurício Sita

Presidente:
Alessandra Ksenhuck

Vice-presidentes:
Cláudia Pires e Julyana Rosa

Diretora de projetos:
Gleide Santos

Coordenadora editorial:
Amanda Moura

Assistentes editoriais:
Júlia Almeida e Lui Navarro

Foto da capa:
Rennan Oliveira

Design de capa, projeto gráfico e diagramação:
Candido Ferreira Jr.

Revisão:
Deirdree Rodrigues, Ivani Rezende e Luiza Cordiviola

Impressão:
Printi

Dados Internacionais de Catalogação na Publicação (CIP)
(Câmara Brasileira do Livro, SP, Brasil)

Muraro, Caren Fernanda
Os vilões das soft skills / Caren Fernanda Muraro. -- São Paulo : Literare Books International, 2024.

Bibliografia
ISBN 978-65-5922-913-0

1. Autoajuda 2. Habilidades - Desenvolvimento 3. Reflexões I. Título.

24-218766 CDD-158.1

Índices para catálogo sistemático:

1. Autoajuda : Psicologia aplicada 158.1

Eliane de Freitas Leite - Bibliotecária - CRB 8/8415

Literare Books International
Alameda dos Guatás, 102 – Saúde – São Paulo, SP.
CEP 04053-040
Fone: +55 (0**11) 2659-0968
site: www.literarebooks.com.br
e-mail: literare@literarebooks.com.br

MISTO
Papel | Apoiando o manejo florestal responsável
FSC® C196274

SUMÁRIO

Agradecimentos **5**

Apresentação **7**

Capítulo 1 .... **13**

Soft skills e as lesões emocionais

Capítulo 2 .... **41**

Lesões emocionais e o gerenciamento de conflitos

Capítulo 3 .... **71**

Relatos de histórias reais

Capítulo 4 .... **159**

Conquistando as *power skills*

Referências bibliográficas **183**

AGRADECIMENTOS

Agradeço ao meu marido, Messalas De Conto, por me dar suporte suficiente com nosso filho para que fosse possível a conclusão desta obra. Agradeço imensamente às pessoas que contribuíram com relatos de suas histórias de vida, assim enriquecendo o conteúdo aqui apresentado. Agradeço também ao Raul Vargas, meu amigo e parceiro de trabalho, o qual me apoia sempre, suprindo algumas de minhas limitações com *design* e no mundo digital.

APRESENTAÇÃO

Já foi comprovado por diversos estudiosos que nossas habilidades comportamentais (*soft skills*) representam até 80% do nosso sucesso profissional. Dentre dez pessoas, nove perdem seus empregos devido ao baixo desenvolvimento dessas habilidades, ou seja, é o comportamento inadequado e/ou inesperado dos profissionais que ocasiona 90% dos desligamentos. Quando os profissionais não desenvolvem suas *soft skills*, comprometem a qualidade e a produtividade de uma entrega mais efetiva e eficiente tanto em sua vida pessoal quanto em sua carreira profissional, impactando até mesmo o desempenho e os resultados de uma empresa.

Nosso novo modelo de mercado, que se iniciou ainda no período da pandemia, vem demonstrando que, para ser um bom profissional, é preciso que tenhamos multi-habilidades desenvolvidas, pois uma ou duas já não são mais suficientes para atender às novas necessidades das pessoas (clientes/consumidores).

De nada adianta as pessoas/profissionais terem inúmeros diplomas e/ou cursos técnicos (*hard skills*) sem uma visão sistêmica, mentalidade ágil, empatia, adaptabilidade, entre outras *soft skills* desenvolvidas. Quando iniciamos o desenvolvimento de tais habilidades, aliando-as aos nossos cursos técnicos, expandimos a capacidade de nosso cérebro, forçando-o a sair da zona de conforto, gerando, assim, novas conexões neurais e aumentando nossa capacidade intelectual (inteligência).

Nesse sentido, quando as *hard skills* são somadas às *soft skills*, torna-se possível alcançar níveis mais elevados de ambas as habilidades, porque uma retroalimentará a outra e, quando isso acontece, alcançamos as denominadas ***power skills.*** Cito aqui como exemplo os vendedores, que, além de uma comunicação compassiva, efetiva e assertiva, precisam desenvolver também outras habilidades que potencializem ainda mais o desempenho de sua comunicação.

Por exemplo, a visão sistêmica avançada e uma mentalidade elástica e ágil. Tais habilidades ajudarão essa comunicação a ficar mais dinâmica, apurada e polida, de modo que o cérebro começa a alcançar soluções para situações difíceis de forma rápida, para resolver qualquer tipo de problema. Com um raciocínio mais rápido, é possível elaborar a linguagem adequada para o que for necessário.

Outras habilidades, como adaptabilidade e flexibilidade, também são importantes para explorar níveis mais elevados de uma comunicação assertiva e não violenta. Concomitante a isso, também é necessário ter maturidade emocional, para que nenhum tipo de comunicação conduza a qualquer tipo de conflito. Todavia, minha pergunta aqui é: como ser um bom vendedor se, quando vamos nos comunicar, gaguejamos, duvidamos de nossas capacidades, nos sentimos inseguros, inferiores, a voz sai trêmula, não conseguimos raciocinar para responder a algo inesperado em meio ao nosso discurso pronto?

Essas limitações que descrevo são manifestações de possíveis lesões emocionais. Por isso, trago a teoria de que é preciso aprender a identificar tais traumas em nós, nas outras pessoas e, se preciso, tratar tais lesões, para que seja possível extrair nosso potencial ao máximo, que, na maioria das vezes, é desconhecido de nós mesmos.

A propósito, sabia que **"Somos Vendedores o Tempo Todo"**? Não importa o lugar ou a situação, a nossa presença, fala e nosso comportamento são as maiores ferramentas de venda, independentemente de fatores como circunstância, trabalho, relacionamento, ambiente social, entrevista de emprego, apresentando projetos ou os resultados deles, entre outros. É por isso que precisamos olhar para as lesões emocionais.

É importante que tenhamos consciência de que, ao decidirmos iniciar uma jornada para desenvolver nossas *soft skills*, vamos nos deparar com vários limitadores, como medos, inseguranças, sentimento de inferioridade, de incapacidade, entre outros. Esses limitadores são vilões que estão atrelados às nossas lesões emocionais. É por esse motivo que precisam ser tratadas do mesmo modo como uma lesão física.

Quando nos permitimos passar por esse processo, se tornará possível potencializar nossas *soft skills*, visto que nossa mentalidade começa a mudar a forma como olhamos para tudo e todos ao nosso redor, alcançando maior maturidade emocional, atingindo níveis mais elevados de tais habilidades, as ***power skills***. É sobre esse assunto que trataremos no decorrer deste livro.

À medida que nos propusermos a passar pelo processo de tratamento de nossas lesões emocionais e aprendermos a identificá-las nas outras pessoas, começaremos a enxergar tudo de outra forma, ou seja, a nossa percepção sobre nós e sobre as outras pessoas se tornará minuciosa, detalhada e ampla, nos permitindo, assim, ir para outros níveis, de empatia, senso de equipe, senso de liderança, bem como a expansão da nossa visão sistêmica. Aprenderemos, inclusive, a fazer gerenciamento dos conflitos de forma mais eficiente sob quaisquer tipos de situação, tanto em ambiente familiar como profissional.

Potencializar nossas *soft skills* se trata de aprendermos a nos conhecer profundamente, explorarmos a nós mesmos como verdadeiros investigadores, para que seja possível romper os cadeados emocionais que nos impedem de avançar na vida.

Expandir nosso conhecimento e percepção sobre as lesões emocionais oportunizará a identificação de quando se manifestam tanto em nós quanto nas outras pessoas, e tal habilidade fará com que seja possível conseguir gerenciar sozinho nossos conflitos internos e os relacionados com as outras pessoas.

Desenvolvendo as habilidades de observação, atenção e percepção de forma mais apurada, teremos a oportunidade de ser profissionais indispensáveis e extraordinários, independentemente do setor de atuação. Elas também são um impulsionador para desbloquear nossas limitações. Conseguir olhar para o próximo com maior compaixão, entendendo suas dores, nos coloca em um nível mais elevado de empatia e maturidade emocional.

Ao ler este livro, você conseguirá compreender o que trava sua vida e seu desenvolvimento profissional. O que é preciso fazer para avançar profissionalmente no que se refere ao desenvolvimento das *soft skills*, quais são os limitadores, os grandes vilões que o impedem de avançar para outros níveis e quais habilidades você precisa desenvolver para que seja possível alcançar uma vida mais leve, plena e com novas oportunidades financeiras.

Ao finalizar a leitura deste livro, você:

- Ampliará sua habilidade de autopercepção e observação.
- Aprenderá como alcançar um gerenciamento mais efetivo de seus conflitos (internos) e dos conflitos que envolvem outras pessoas (externos).
- Conseguirá entender quais são os sentimentos e emoções que o impedem de se tornar uma pessoa e um profissional melhor.
- Olhará, por meio de algumas histórias da minha vida e de outras pessoas, para seu passado e identificará lesões emocionais. Isso o ajudará a desenvolver habilidades de autopercepção, observação, empatia, gerenciamento de conflitos, senso de equipe, senso de liderança e comunicação compassiva (amorosa e com maior empatia).
- Expandirá seu olhar de forma minuciosa, detalhada e ampla, desenvolvendo uma visão sistêmica mais avan-

çada dos cenários e situações conflituosas, alcançando uma mentalidade mais ágil para solucionar problemas de forma efetiva e eficiente, com independência do ambiente (profissional, familiar ou social).

- Entenderá qual caminho percorri para alcançar um nível de *power skills* em minhas habilidades, transformando-me em uma pesquisadora de observação.

Elevar nosso nível de atenção, percepção e observação acelerará o processo do nosso desenvolvimento pessoal/profissional, nos tornando mais maduros emocionalmente.

Durante a leitura deste livro, sugiro que faça o exercício constante de se projetar para sua história de vida e seus conflitos internos. Esse movimento ajudará a compreender muitos sentimentos, pensamentos e comportamentos, iniciando o processo de ressignificação de possíveis traumas que possam estar impedindo você de alcançar outros níveis.

Destaco que este livro compartilhará um novo caminho a percorrer para potencializar suas habilidades de autoconhecimento, por meio de uma observação e percepção mais apuradas, lapidadas e desenvolvidas. Dessa forma, você mesmo poderá identificar quais os vilões que o estão impedindo de potencializar suas *soft skills.*

Lembre-se: os vilões das *soft skills* são limitadores que nos impedem de conseguir explorar nosso potencial máximo e alcançar uma vida mais leve e plena em glória.

*As **power skills** nos ajudam a sermos mais produtivos em menor tempo e com maior qualidade, fazendo com que sejamos pessoas extraordinárias e indispensáveis.*

Por Caren Fernanda Muraro

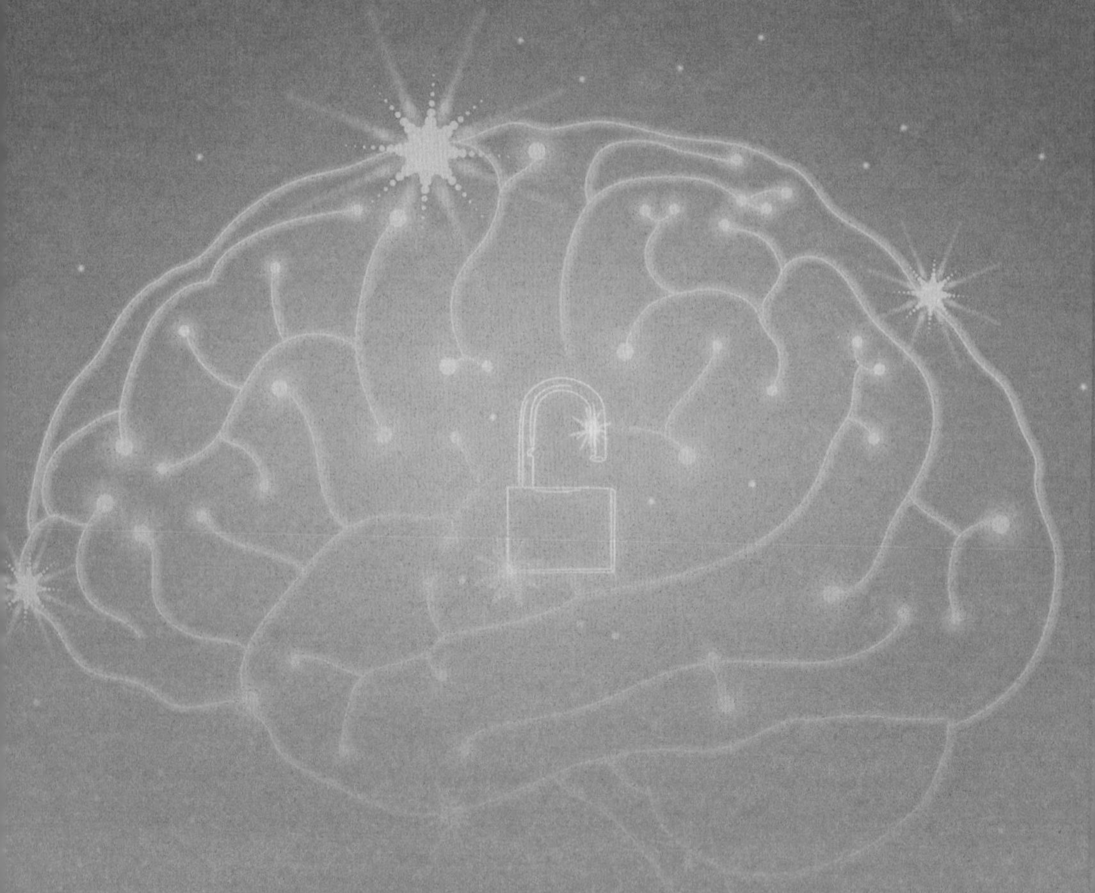

Capítulo 1

SOFT SKILLS E AS LESÕES EMOCIONAIS

Neste capítulo, por meio de exemplos com histórias reais e pesquisas, vamos entender como as lesões emocionais afetam o desenvolvimento das nossas *soft skills* e por que é tão importante rastreá-las e identificá-las e, se necessário, tratá-las.

AS NOSSAS EMOÇÕES

Antes de falar sobre lesões emocionais, é preciso entender um pouco sobre nossas emoções.

Segundo estudos de Paul Ekman (2003) e Damásio (2012), as nossas emoções estão localizadas no sistema límbico, no hipocampo. Elas são inatas (individuais), evolutivas e universais (em todos). Cada emoção engloba circuitos cerebrais diferentes, gerando reações e comportamentos distintos, sempre coordenados pelo cérebro, que, por sua vez, gerencia alterações em todo o corpo. Para cunho de conhecimento, já foram identificadas 27 emoções existentes em nós, seres humanos: diversão, ansiedade, estranhamento, desejo, excitação, temor, medo, horror, tédio, calma, empatia, dúvida, nojo, encantamento, nostalgia, satisfação, adoração, admiração, apreço visual, inveja, romance, tristeza, surpresa, simpatia, triunfo, interesse e alegria.

Emoções em desequilíbrio (excesso ou ausência) geram comportamentos desequilibrados. Isso acontece por ser um manifesto das lesões emocionais, traumas inconscientes que foram registrados em nossa memória em algum episódio de nossa vida. Tais traumas podem ter impedido que o processo natural da maturidade emocional acontecesse. Dessa forma, podemos interpretar que a imaturidade emocional nossa e de outras pessoas estaria atrelada a possíveis lesões emocionais e, como consequência, nos impedem de explorar nosso potencial humano, interferindo para nos tornarmos pessoas melhores, mais leves e gratas diante dos inúmeros desafios da vida, alcançando melhores resultados.

ENTENDENDO MELHOR AS LESÕES EMOCIONAIS

As lesões emocionais ocorrem devido a eventos traumáticos vivenciados na fase fetal, infância, adolescência ou na vida adulta. Alguns estudos já apontam que essas lesões também podem estar registradas em nosso DNA, sendo possivelmente repassadas de uma geração para outra[1].

Elas também podem ocorrer devido a cargas exaustivas de trabalho, de situações contínuas de tensão e estresse, de experiências traumáticas, de sentimentos ligados à preocupação, ofensas, humilhações, agressões verbais, físicas, entre outras. Ainda, podemos adquirir lesões que não são nossas, ou seja, no período de gestação de nossa mãe, podemos registrar as lesões dela em nosso cérebro (córtex pré-frontal) e levá-las conosco por muitos anos se não adquirirmos consciência sobre tal situação.

Em estudo publicado na *Nature Neuroscience*[2], uma equipe de pesquisadores relatou uma importante descoberta: o local do cérebro em que as memórias de medo ficam armazenadas está localizado no córtex pré-frontal, uma área responsável pela nossa tomada de decisões, padrões de comportamento mentais e físicos, reações emocionais comportamentais. Segundo este estudo, as lembranças de eventos traumáticos podem continuar ressurgindo no cérebro, mesmo que muito tempo tenha se passado.

Esse estudo esclarece e reforça o quanto é preciso aprender a identificar tais lesões e, se necessário, tratá-las, para que seja

---

1 e 2 - Consultar referências bibliográficas.

possível avançar e acelerar o processo de desenvolvimento das *soft skills*, pois as interferências emocionais influenciam a nossa tomada de decisões, escolhas e, como consequência, os resultados.

Dessa forma, podemos entender que, se não for dada a devida atenção e tratamento a nossos medos e inseguranças (lesões emocionais), essas emoções poderão comprometer todo o nosso desenvolvimento pessoal, impactando nossa trajetória profissional, nosso destino, porque assumem o comando de nossas escolhas, definindo nossos resultados. Quantas coisas deixamos de fazer por medo, insegurança e pelo que os outros vão pensar ou falar? Deixo aqui uma reflexão sobre o assunto.

Muitas lesões emocionais podem ser tratadas; embora talvez nunca curadas. Sendo assim, torna-se de extrema importância aprendermos a identificá-las para conseguir gerenciá-las, não permitindo mais que tais lesões assumam o comando de nossas escolhas, decisões, ações, atitudes, pensamentos, sentimentos e comportamentos.

Todos nós temos algum tipo de lesão emocional. Por isso, é necessário aprender a identificar quando a emoção nos afeta ou se manifesta a ponto de não permitir que avancemos para o próximo nível profissional. Quando nos sentimos travados, inseguros e com medo de realizar certas ações, como falar em público, gravar vídeos ou participar de reuniões e, com medo de chamar atenção, procurando as cadeiras do fundo, são as lesões emocionais se manifestando. Nesses pequenos movimentos, quase que ocultos ao nosso entendimento, que vamos sendo impedidos de progredir.

É necessário passar por processos que nos ajudem a adquirir consciência do que aconteceu no passado, para perceber o que está travando nosso progresso atual, o que está limitando nossos passos de avançarem até o próximo nível.

POR QUE É TÃO IMPORTANTE TRATAR ESSAS LESÕES?

Já é fato identificado em pesquisas que esses traumas, quando não tratados, podem gerar doenças psicossomáticas, como (cito aqui as mais comuns):

- **Síndrome do intestino irritável: trata-se de um distúrbio gastrointestinal que provoca dores abdominais, constipação ou diarreia constante.**
- **Enxaqueca: dores de cabeça constantes.**
- **Dermatite atópica.**
- **Dores musculares e nas articulações.**
- **Disfunção erétil.**
- **Gastrite.**
- **Taquicardia (coração disparado).**
- **Entre outras.**

Temos muitos sinais de como essas lesões se manifestam. Por esse motivo, é preciso autopercepção para conseguir identificá-las: agitação, frustração e mau humor em níveis exagerados; sensação de sobrecarga; pressão emocional; irritabilidade constante, vontade de isolamento; dificuldade em relaxar e sossegar a mente; sensação de solidão; baixa autoestima; sentimento de incapacidade constante; medo exagerado; vitimização; sentimento de que tudo dá errado e que tudo conspira contra na vida da pessoa; entre outros.

Essas lesões se tornam verdadeiros monstros emocionais, vilões, limitadores que sugam nossa energia e tempo, nos tornando menos produtivos, desmotivados, inconstantes, sem foco, ansiosos, impacientes, irritados, entre outros. Quando ampliamos nosso entendimento sobre o assunto, aumentamos nossa autopercepção também. Nesse momento, mudanças começam a acontecer, porque nossa mentalidade muda, nossa forma de olhar para as outras pessoas também muda, o nosso olhar para a vida muda. À medida que vamos nos observando e nos percebendo, conseguimos mudar a rota de nossa caminhada, nos abrindo para aceitar novas oportunidades e desafios. Nessas mudanças, começaremos a alcançar novos resultados.

LESÕES EMOCIONAIS TAMBÉM CAUSAM REAÇÕES FISIOLÓGICAS?

As lesões emocionais podem causar diferentes reações fisiológicas, como tremores, sudorese, falta de ar, taquicardia, boca seca, dor de barriga, tensão muscular, o mesmo pesadelo em que constantemente a pessoa acorda exausta, alterações hormonais, como a baixa liberação de endorfina e aumento do cortisol, entre outras.

Para exemplificar, contarei como, por meio de reações fisiológicas, descobri uma das minhas muitas lesões emocionais, ao longo de meus vinte e quatro anos de desenvolvimento pessoal.

DESCOBRINDO EM MIM UMA LESÃO EMOCIONAL PROFUNDA

Por muitos anos, eu acordava sentindo muito frio, tremores no corpo e taquicardia, uma sensação de sufoco no peito. Logo me colocava em posição fetal, com muitas cobertas para me aquecer, mesmo no auge do verão. Porém, ao longo dos anos, isso passou sem que eu percebesse. Foi no ano 2000, com 22 anos, que consegui ter essa clareza mental, acredito que isso aconteceu porque já fazia dois anos que havia iniciado meu processo de desenvolvimento das habilidades de autopercepção e observação.

Ao longo dos anos, eu nunca havia dado atenção a essas sensações. Lembro-me de que as sentia sempre quando acordava, mas deixava passar. Em uma manhã, comecei a perceber a intensidade do frio, tremores e taquicardias, tudo foi ficando mais claro, como se meu olhar e minha atenção se voltassem para dentro de mim. Nesse momento, pude entender que tudo que estava sentindo não era normal, também percebi o quanto isso me incomodava e roubava meu tempo.

Em silêncio, me perguntava: "Por que eu nunca havia percebido essas sensações antes?". Todos os dias, logo nos primeiros minutos em que eu acordava pela manhã, eram sempre iguais, eram necessários uns 30 minutos a mais na cama para conseguir acalmar meu coração e todas aquelas sensações. Aos poucos, porém, elas iam se acalmando, até eu conseguir sair da cama e começar meu dia.

Fiz muitos exames e nunca foi descoberto nada irregular em meu sistema fisiológico. Porém, como já buscava pelo meu desenvolvimento pessoal na época, resolvi ir para terapia só para resolver essa questão, que não queria mais vivenciar, pois experimentar todas aquelas sensações logo no início do meu dia acabava sendo um gargalo de desperdício energético e de tempo.

Ao chegar à primeira sessão da terapia, relatei tudo o que estava sentindo ao acordar. A terapeuta me pediu para deitar em uma maca e, por meio de um aroma de lavanda, uma música calma, comecei a acalmar e relaxar minha mente. Ela me pediu para fechar os olhos e, mentalmente, me reportar ao momento em que sentia aquelas sensações.

Depois de alguns minutos, comecei a sentir tudo novamente e pedi se poderia trocar de posição e me coloquei em posição fetal. Aos poucos, ela foi pedindo para que eu saísse daquele lugar mental em que estava e me perguntou como havia sido a gestação de minha mãe comigo em seu ventre. Eu não sabia responder, afinal nunca havia falado sobre esse assunto com minha mãe. Então, a terapeuta solicitou que eu investigasse essa questão em uma conversa sincera com minha mãe sobre o assunto.

Passados alguns dias, fui almoçar na casa de meus pais. Pedi para minha mãe fazer meu prato preferido (polenta com molho de nata e queijo). Ela adorava quando eu pedia esse prato. Assim, fui aquecendo o coração dela antes da conversa. Após o almoço, convidei minha mãe para se sentar ao meu lado para conversarmos. Ela ficou arredia, até um pouco assustada, pois nunca a havia chamado para conversar assim.

Com calma, fui entrando no assunto sobre a época em que havia engravidado de mim. De início, ela disse que eu estava indo atrás de besteira e pediu para mudar de assunto, saindo em direção ao banheiro. Quando ela saiu do banheiro, resolvi ser mais transparente em minha fala, explicando a ela tudo o que estava acontecendo comigo e pedindo que fosse verdadeira com as informações, pois poderiam me curar. Então, ela resolveu falar.

Contou-me que, logo que engravidou, não desejava a gravidez e se sentiu apavorada. Por um período de cinco meses, fez de tudo para abortar, tomou chás, remédios, espremia a barriga, chorou muito rejeitando aquela gravidez, até descobrir que esperava uma menina. Nesse momento ela parou, porque relatou que tinha um desejo enorme de ser mãe de uma menina, inclusive me lembro que ela sempre me verbalizava isso.

Em meu entendimento, tudo é compreensível. Quando nos permitimos escutar todos os lados que envolvem uma história, principalmente uma que gerou uma lesão emocional tão profunda.

Na época que minha mãe engravidou de mim, fazia dois anos que ela havia perdido um filho. Era meu irmão mais velho que, com seis meses de vida, havia pegado um vírus que paralisou seu corpo e ficou por seis anos acamado até partir. Nesse meio-tempo, ela teve outro menino, meu irmão do meio, antes ainda do mais velho partir. Em seguida à perda do filho mais velho, viria a gestação comigo.

Se considerarmos todo o sofrimento dela naquele momento, pergunto: será que alguém teria estrutura emocional para aceitar outra gravidez? Por esse motivo, ela rejeitou a minha gestação, me causando inconscientemente uma lesão emocional ainda no período fetal. Em minha opinião, algo normal e humano da parte dela.

Saber da história foi libertador para mim. Foi um divisor de águas em relação à forma como eu olhava para minha mãe. Naquele momento, depois que tive conhecimento dos fatores que entrelaçaram minha história, alcancei um nível de empatia muito elevado de meu relacionamento com minha mãe.

E no que se refere à "vida que segue", eu ainda não alcançava a capacidade interpretativa do quão profundo essa lesão impactaria em minha vida até hoje. No meu entendimento na época, somente queria não sentir mais as sensações físicas que sentia ao acordar pela manhã.

Encerrei a conversa com minha mãe, dei um forte abraço nela e disse que estava tudo bem, que entendia e respeitava suas dores e sua história. Nesse momento ela chorou muito, me pediu desculpa e disse que nunca imaginava que isso pudesse acontecer. Mas, ao saber que esperava uma menina, que ela achava que nunca teria, desejou aquela gravidez.

Agradeci por ela ter sido verdadeira comigo e por querer me ajudar abrindo seu coração e revelando um segredo que talvez só ela até então sabia. Abracei-a de novo, dessa vez mais forte, verbalizando em seu ouvido o quanto eu a amava e era grata pela vida que me dera.

Ao chegar na próxima sessão de terapia, contei tudo o que havia acontecido para a terapeuta, que, com algumas conversas nas semanas seguintes, foi me ajudando em tal questão. Aos poucos, as reações fisiológicas que sentia pela manhã dessa lesão emocional foram desaparecendo. Atualmente, não sinto mais nada.

A vida foi passando e, a cada dia, trabalhava em mim a autopercepção de meus sentimentos, pensamentos, comportamentos e escolhas. Aquelas sensações que sentia pela manhã já não eram mais constantes, apareciam esporadicamente. Entretanto, eu ainda buscava sentir mais nada e, nessa busca, estudando e desenvolvendo a cada dia mais a minha habilidade de autopercepção, fui aprendendo a identificar, no dia a dia e nas diferentes situações corriqueiras, o quanto tinha embutido em meu cérebro o sentimento de rejeição.

Percebia pelo fato de estar sempre querendo agradar as pessoas, em fazer o que elas queriam, em ser obediente ao extremo sem sequer pensar em mim, no meu cansaço, no meu esgotamento. Estava sempre muito preocupada com a opinião dos outros com relação ao meu comportamento, por medo de que as pessoas não gostassem de mim ou me rejeitassem.

Dentro desse contexto, buscava um nível de excelência em mim muito rigoroso, não me permitindo errar e sentindo "culpa" por tudo. Hoje tenho ciência de que muitas das minhas atitudes e escolhas estavam atreladas a essa lesão, que foi registrada em meu cérebro (córtex pré-frontal) ainda no período fetal. Eu criei um personagem de muita submissão, querendo agradar a todos o tempo todo, para me proteger de ser rejeitada e sentir tamanha dor novamente, como se fosse uma espécie de instinto de proteção.

Nesse momento de tamanho despertar de consciência em relação ao trauma, percebi o quanto era profundo em mim. Também percebi que, ao estarmos inconscientes sobre o que nos aconteceu, nos feriu, nos machucou, nos traumatizou, temos dificuldade de autopercepção, porque queremos fugir da dor. Assim, temos comportamentos que são comandados pelos personagens que criamos devido a essas lesões.

Entender nossa história é importante no que se refere ao tratamento desses traumas. Aprendemos a identificar e controlar conscientemente quando se manifestam, não permitindo que assumam o comando de nosso comportamento, sentimentos, pensamentos e das nossas escolhas. Quando entendemos isso, aos poucos vamos abandonando os personagens que criamos e nos conectando com a nossa verdadeira identidade, nossa matriz original, nos tornando mais autênticos e únicos.

Desenvolver esse nível de consciência sobre o sentimento de rejeição, relacioná-lo à lesão emocional e aprender a identificá-lo em certos momentos da minha vida e localizar em quais comportamentos se manifestava, não aconteceu de forma rápida, foi um processo que levou anos para conseguir alcançar, também não foi só com terapia.

Isso aconteceu quando comecei a desenvolver a habilidade de autopercepção, ativando meu observador mental e trazendo minha atenção para dentro de mim em tempo integral durante o dia. Quando comecei a estar atenta durante o período em que estava acordada a tudo o que acontecia ao meu redor, como me comportava diante de cada situação e problemas a serem superados nas minhas rotinas diárias, acelerando o processo de desenvolvimento das minhas *soft skills*.

Ao desenvolver tais habilidades, potencializei também minhas sessões de terapia. Ao chegar à sessão, conseguia retratar com maior clareza o que estava acontecendo comigo, de modo que as sessões ficaram mais pontuais e assertivas.

Ao iniciar o processo de tratamento dessa lesão, também descobri outras e consegui tratá-las. Além disso, hoje consigo ensinar as pessoas como desenvolverem essas habilidades e se libertarem dos pesos emocionais que carregam, adquirindo um nível mais elevado de consciência sobre si e seu comportamento, mas de forma mais rápida comparado ao tempo que levei.

Outro ponto em questão que quero repassar é que existem lesões muito profundas, como agressões físicas, abusos, entre outros. Esse tipo de lesão emocional talvez nunca cure 100%, mas me refiro aqui a aprender a mapear e identificar o que está nos impedindo de avançar ou gerando desequilíbrios emocionais, alcançando 50% do tratamento.

Quando tornamos o trauma que estava inconsciente em nós consciente, aprendemos como não permitir mais que dores, emoções e sentimentos comandem nossas atitudes, comportamentos e escolhas. Sim, escolhas, pois, ao estarmos no personagem que construímos para alimentar nossas lesões emocionais, acabamos por escolher o que os outros querem, querendo agradá-los para nos sentirmos aceitos.

Acabamos por fazer muitas escolhas que acabam sendo gargalos de desperdício de tempo e esforço energético, em vez de usar esse tempo e nossa energia para fazermos coisas que agregariam valor em nossa vida pessoal e profissional. Ao olharmos para nossas necessidades reais, enxergamos somente as dos outros para agradá-los, porque estamos vivendo o personagem que a lesão emocional criou para nos sentirmos aceitos.

Ser rejeitado não é o problema. A grande questão é: por que ficamos tão mal quando alguém nos rejeita, ou a um projeto, um serviço ou uma contratação? O normal seria "vamos em frente", sem sentirmos tantas dores. Porém, nesses momentos as lesões se manifestam, nos deixando deprimidos, com sentimento de inferioridade, nos colocando em um lugar tão ruim mentalmente falando que muitas vezes não conseguimos sair sozinhos e precisamos de outras pessoas ou até mesmo de medicações.

Essas lesões são responsáveis por dificultar e até nos impedir de superar inúmeros desafios necessários para alcançar a maturidade emocional e explorar o potencial máximo de nossas habilidades. Vou me estender um pouco mais nessa explicação, para que você consiga compreender a importância de tratar essas lesões.

O processo de desenvolvimento de nossa inteligência emocional se potencializa ao tratá-las, nos oportunizando alcançar a maturidade emocional de forma mais rápida e com maior êxito.

Ao aprendermos a mapear e identificar as lesões emocionais que se manifestam em nós e no outro de nosso convívio, elas perdem o poder, a força de comandar nossas escolhas ou de nos colocar em situações de conflitos com outras pessoas, não determinando mais o rumo que tomamos em nossa jornada.

Quantas vezes deixamos de fazer algo em nossas vidas devido ao medo, pânico, sentimento de rejeição ou inferioridade? Quanto já desistimos de algo por causa das lesões emocionais que carregamos em nosso *drive* mental?

Quando essas lesões assumem o comando, renunciamos à exploração de nosso potencial humano e, consequentemente, a alcançarmos melhores resultados e/ou cargos mais elevados em nossa vida profissional, afetando nossa situação financeira, já que nos impedem de avançar e comprometem o desenvolvimento de nossas habilidades comportamentais a alçarem para níveis mais elevados.

Ao decidirmos aceitar passar pelo processo de tratamento dessas lesões, temos uma oportunidade de nos tornarmos pessoas melhores para nós mesmos e para as pessoas com as quais convivemos e que ainda vamos conviver.

A figura a seguir demonstra como ocorre o processo de tratamento das lesões emocionais junto ao desenvolvimento da habilidade de autopercepção.

Figura 1 – Processo de cura das lesões emocionais.

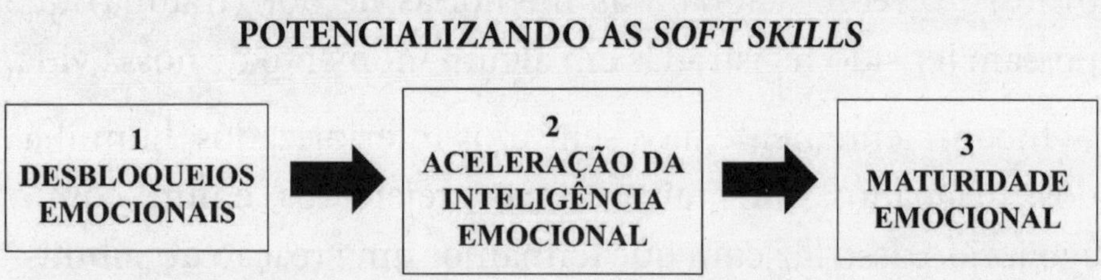

Fonte: elaborada pela autora.

Propor-se a passar pelo processo de limpar nosso *drive* mental, mesmo que seja doloroso, torna nossa caminhada muito mais leve. Emocionalmente falando, é uma oportunidade de acelerar o desenvolvimento das *soft skills*.

Gosto de dizer que, quando resolvi tratar minhas lesões emocionais, me tornei uma filha melhor, uma mãe melhor, uma esposa melhor, uma profissional melhor, uma companhia melhor.

QUAL O IMPACTO DAS LESÕES EMOCIONAIS EM NOSSA VIDA?

Ao acionarmos as lesões emocionais em nosso cérebro em uma discussão com algum familiar (pai, mãe, marido, esposa), por exemplo, dependendo do que estiver sendo falado e até do tom de voz, nos levam, de forma inconsciente, às memórias de dor que elas nos traumatizaram em algum momento de nossa vida.

Isso ocorre porque atinge nosso ego, nos sentimos feridos, magoados e, por instinto de defesa, queremos nos defender atacando também, usando palavras tão letais que podem causar estragos desnecessários nos relacionamentos.

Dependendo do que for falado e como falado (tom de voz), o nosso cérebro acionará as memórias de dor (trauma) que possam ter sido registradas em algum momento de nossa vida.

Inconscientemente, nos sentimos inferiorizados, humilhados, magoados, com raiva, rancor, rejeitados, enfim, com o ego ferido. Isso faz com que tenhamos uma reação de submissão, ficar de "boca calada", engolindo tudo – eu chamo de pessoas com "cabeça baixa" –, ou então uma reação oposta, em que nos tornamos agressivos, arrogantes, ofensivos em nossa comunicação e ação – nesse caso, costumo chamar de pessoas com "cabeça quente".

Conforme o nosso estado emocional e dependendo da situação, qualquer pessoa pode assumir ambas as posturas "cabeça baixa" ou "quente", porém geralmente uma delas será predominante em nossa personalidade. Essa postura comportamental pode ocorrer em qualquer ambiente (trabalho, familiar, social, com clientes, prestadores de serviço, fornecedores, entre outros). Essas lesões muitas vezes nos impedem de construir relacionamentos duráveis e estáveis, tanto de amizades como namoro, casamento, também no meio profissional em que atuamos.

Podem ser herdadas, inclusive, de nossas mães, ou seja, podemos carregar lesões emocionais que não são nossas. Por meio de uma história, contarei como isso é possível.

AS LESÕES EMOCIONAIS QUE NÃO SÃO NOSSAS

Estávamos eu, família e amigos comemorando meu aniversário em uma pizzaria muito linda e aconchegante. Enquanto nossos filhos brincavam no espaço kids do restaurante, nós conversávamos. Foi quando um amigo me perguntou: "Você gosta do dia do seu aniversário?". Eu respondi: "Sim, eu amo, já começo a comemoração umas duas semanas antes de tanto que eu gosto". Então, meu amigo disse: "Eu não gosto, sinto um vazio grande, uma espécie de tristeza". Em seguida, a mãe dele, que estava sentada ao meu lado direito, se manifestou: "Eu também não gosto, sinto a mesma coisa que meu filho".

Identifiquei uma lesão emocional nela em relação ao dia do aniversário e que deve ter passado ao filho ainda em seu ventre, pois, por perguntas, identifiquei que ela estava grávida dele na época do aniversário dela. Provavelmente, registrou a lesão dela no córtex pré-frontal (onde se localizam as memórias de dor e tristeza) de seu filho ainda no ventre. Quando perguntei a ela se havia acontecido algo no dia do aniversário, ela respondeu que não se lembrava no momento.

Talvez, ao aprofundar a conversa, a mãe também teria herdado a lesão da mãe dela, ou seja, poderia ser ainda um caso de lesão emocional sendo repassada de geração em geração. Nesses casos nem sempre identificamos a origem da lesão, pois pode ter se originado de nossas mães, avós e assim por diante.

Então, podemos entender aqui que muitas vezes carregamos lesões que não são nossas e, ao entender isso, ressignificamos essa história e libertamos a dor, retirando o peso emocional que já não nos pertence mais – no caso, aquele que estaria sendo sentido por meu amigo no dia do meu aniversário.

Depois de um ano, dessa vez comemorando o aniversário dele, fiz a pergunta se ainda sentia o vazio e a tristeza que havia sentido em seu aniversário anterior. Após eu explicar que a lesão não seria dele, respondeu-me que não, que o sentimento havia passado. Uma lesão mais superficial como essa pode ser eliminada com a simples ação de identificá-la, sem precisar de qualquer tipo de tratamento ou vivência para curá-la, como aconteceu nesse caso.

UMA LESÃO MINHA QUE IDENTIFIQUEI EM MEU FILHO

Eu tenho um filho de nove anos. Nunca tivemos problemas com ele, sempre teve notas boas, um menino educado, com ótimas avaliações. Porém, certo dia, em uma dessas avaliações, muito observadora, a professora relatou que havia identificado nele excesso de empatia e que isso estaria o prejudicando nas atividades de sala de aula. Pedi a ela para me explicar melhor, pois eu não estava entendendo direito.

Enquanto eu escutava a explicação, ela disse que percebia meu filho muito disponível em ajudar os colegas, o que em equilíbrio seria muito saudável, porém percebia que ele fazia suas atividades em classe muito rápido só para ajudá-los. Seguiu me explicando que, com o passar dos dias, a situação foi ficando fora de controle, pois muitos colegas começaram a solicitar sua ajuda na mesma hora em que ele estaria fazendo as tarefas. Isso ocasionava a não finalização de suas atividades em classe.

Essa observação muito sábia da professora me fez perceber que meu filho buscava também não ser rejeitado, fazia tudo isso buscando aceitação das outras pessoas. Tive certeza disso porque fiz o exercício de estender minha atenção relembrando atitudes que meu filho tivera e que eram muito semelhantes às relatadas pela sua professora. Poderia ser falta de atenção, amor nosso, dos pais, mas não era o caso, porque sempre oferecemos a ele muito amor, carinho e uma educação compreensiva, sem agressividade.

Ciente disso, observando a situação e conversando também com alguns terapeutas, pude ter clareza e certeza de que era um caso de lesão emocional sendo repassada da mãe para seu filho, de forma inconsciente, é claro. Lembram quando contei sobre e descrevi a primeira lesão emocional que descobri em mim? Nesse caso, seria ela se manifestando.

Saber dessa informação foi muito importante para mim e meu filho, pois por meio de algumas conversas, levei-o a compreender que não precisava ajudar os colegas de forma tão intensa, que poderia ser de outra forma. Aos poucos e carinhosamente, fui trazendo-o para a consciência sobre a atitude (sua empatia em excesso), fazendo-o perceber o quanto algumas atitudes que temos diariamente podem estar nos prejudicando. É claro que, ao conversar com meu filho, não falei sobre lesões emocionais, porque confundiria seu entendimento, utilizei uma linguagem de acordo com a faixa etária para ter sucesso na empreitada.

Trazer as crianças para a consciência de seus atos, utilizando a linguagem correta, ajuda-as a alcançar uma caminhada mais leve quando adultas. Destaco, ainda, o quanto é importante aprender a identificar as lesões emocionais não somente em nós e no próximo, mas nas crianças também. Eu já desenvolvo as *soft skills* do meu filho desde seus dois anos de idade, e estou sempre de olho, caso algo trave seu desenvolvimento. Quando acontece, tento ajudá-lo a resolver, de forma lúdica, sem peso, sem cobranças e nunca perdendo o foco no que é necessário no momento, respeitando sua idade.

Quero comentar que, quando se trata de empatia, a questão é: podemos e devemos sim ajudar uns aos outros. Todavia, isso precisa ser de forma equilibrada, ou seja, a empatia equilibrada é esse nível de habilidade que devemos buscar; caso contrário, torna-se um gargalo de desperdício de tempo e energia, limitando o crescimento e o desenvolvimento das pessoas. No caso, crianças que precisam conseguir autonomia no aprendizado.

Esse exemplo foi com uma criança. E quanto aos adultos? Muitos possuem excesso de empatia ou ausência dela. O ideal é buscar o equilíbrio dessa habilidade em nós. Só o simples fato de tornar alguns comportamentos, sentimentos e pensamentos conscientes já é o suficiente para nos ajudar a aperfeiçoar muitas das nossas habilidades.

COMO TRATAR ESSAS LESÕES?

Por meio da caminhada de 24 anos desenvolvendo as minhas *soft skills*, percebi como identificar e tratar possíveis traumas é um acelerador para nosso processo de desenvolvimento pessoal.

É preciso se propor a passar por um processo que denomino de **3Rs**: **R**estaurar, **R**essignificar e **R**eprogramar informações, dores e registros mentais que adquirimos desde o ventre de nossa mãe até os dias atuais, mesmo quando repassadas pela memória do nosso DNA, proveniente de nossos antepassados.

Entretanto, esse processo é muito delicado, sensível e individual, não existe receita de bolo, não é igual para todo mundo, cada pessoa tem seu tempo e sua forma de assimilar as informações. Portanto, quando essas lesões são acessadas, é necessário realizar o acompanhamento com algum profissional que esteja preparado para ministrar tal vivência. Por esse motivo, não será descrita aqui nenhuma prática de tratamento das lesões emocionais. No entanto, é possível fazê-la, com algum terapeuta, em minhas mentorias on-line ou treinamentos presenciais.

Normalmente, quando vamos mexer nas lesões, ressignificar a nossa história e acessar registro de dores, passamos por um processo em que sentimos muita vontade de chorar, porque toda dor, mágoa, raiva, rancor e medos são emoções, memórias registradas em nosso córtex pré-frontal, que precisam ser ressignificadas para que possamos nos libertar dos limitadores emocionais que travam o desenvolvimento do nosso potencial e até mesmo geram futuras doenças psicossomáticas. Sendo assim, o ato de chorar é uma dessas manifestações de limpeza das memórias de dor que foram registradas. Desse modo, descrevo a seguir os benefícios de chorar, o quanto esse ato nos cura e liberta, fortalecendo, inclusive, nossa coragem.

OS BENEFÍCIOS DE CHORAR

Quando iniciamos o processo de tratamento e/ou cura de possíveis traumas, é muito importante nos permitir chorar, se necessário, sem trancar ou reprimir o choro, para que possamos alcançar estágios mais profundos de cura dessas lesões.

Você sabia que o choro traz muitos benefícios e que, ao nos permitirmos chorar, conseguimos fazer verdadeiras faxinas emocionais? Por que falo "quando nos permitimos"? O adulto engole o choro, porque foi ensinado quando pequeno a engolir o choro, ficar quieto, não mexer em nada, e o final das frases era "o que os vizinhos vão falar?". Sem perceberem, inconscientemente, nossos pais ou quem nos criou causaram em nós amputações emocionais.

É preciso compreender que naquela época era o que eles conseguiam nos dar, era o melhor modelo de educação que existia. Eu mesma sou muito grata pela educação que recebi, baseada em muitos princípios e valores que me ajudaram a ter uma conduta íntegra em minha caminhada, e hoje repasso isso a meu filho com muito orgulho. Entretanto, não podemos negar que a educação que nossos pais receberam também foi de muita amputação emocional e, devido a isso, acabaram repassando essa visão para nós.

Na visão deles não era errado, e sim um ato de amor, em prol da boa educação, foi como aprenderam e como sabiam dar. Está tudo certo. Minha intenção aqui não é criticar essa conduta, mas nos levar para um nível diferente de entendimento e cura desse sentimento que está nos impedindo de avançar.

Essas amputações emocionais nos colocaram em situações de muito medo e insegurança, em uma postura de "cabeça baixa" ou "cabeça quente" diante das mais diversas e desafiadoras situações de nossas vidas. Afinal, engolir o choro ou escondê-lo não é nada saudável para nosso emocional, muito menos para a nossa saúde. O choro não é sinal de fraqueza como nos foi ensinado, é preciso ressignificar essa concepção.

Outro dia escutei uma pessoa dizer que, quando uma pessoa se ajoelha chorando e pedindo ajuda a Deus, ou fala com outras pessoas, significa que é muito corajosa, pois não quer desistir de algo e teve a coragem e nobreza de pedir ajuda. Acredito ser esta uma explicação muito boa, por isso a compartilho aqui, deixando como reflexão sobre o assunto.

EFEITOS FISIOLÓGICOS DE CHORAR

Segundo estudos, o choro é uma manifestação de nossas emoções, como tristeza, raiva, frustração e, também, de felicidade. Quando choramos, existe uma sensação de alívio, porque no ato de chorar nosso organismo libera uma bomba de hormônios que funciona como uma espécie de analgésico natural.

Quando o choro vai para um nível mais intenso, no qual chegamos a soluçar, o nosso cérebro é oxigenado, e nosso corpo acaba regulando a temperatura, ajudando nosso cérebro e corpo a relaxar, pois o choro gera uma ativação em nosso sistema nervoso parassimpático.

O choro também libera toxinas acumuladas em nosso corpo e diminui o cortisol expelido em momentos de estresse, o que nos leva para um estado mental de maior calma, melhorando nosso raciocínio, trazendo maior clareza mental, o que nos ajuda a solucionar problemas e conflitos de forma mais efetiva e eficiente.

De acordo com uma pesquisa[3], as mulheres choram mais que os homens. Elas, em média, choram 5,3 vezes mais no mês, comparado aos homens, que choram 1,3 vezes por mês. Talvez você deva estar pensando: "Todo mundo já sabia disso" – pois é –, mas agora é comprovado por meio de pesquisa. As mulheres choram mais porque são mais emocionais; os homens conduzem mais na razão do que na emoção. Entretanto, os homens são os que mais adoecem e demoram a se curar, segundo pesquisas.

Fomos criados em uma geração na qual "homem não chora", pois é sinal de fraqueza. Talvez, se chorasse mais, a caminhada seria menos pesada para alguns e teria acesso à resolução de problemas de forma mais ágil. Com certeza, teria muitos benefícios, pois, como conduz mais na razão, culturalmente falando, acaba por reprimir suas emoções – talvez este possa ser um dos fatores que faça os homens adoecerem mais que as mulheres. Estudos também apontam que as mulheres vivem mais que os homens, exatamente porque buscam curar as dores emocionais mais que os homens.

---

3 - Consultar referências bibliográficas.

Eu penso que para um homem não é fácil conseguir chorar, considerando o peso e a cobrança que lhe foram impostos ainda em sua infância por uma sociedade que o fazia assumir um personagem forte, provedor e resistente a tudo o tempo todo e ainda pequeno (infância). Entretanto, eu penso que sempre há tempo para desconstruir algo que pode ser um limitador para o desenvolvimento de nossas *soft skills*.

Não estou querendo dizer que é preciso chorar dia e noite, nem ficar chorando igual a um louco na frente das pessoas, a questão é que, ao sentirmos vontade de chorar, devemos fazer isso sem nos intitularmos fracos, impotentes ou perdedores. Sugiro que não tenhamos mais vergonha de chorar ou de admitir que choramos. Isso é humano, natural e saudável. Então, vamos quebrar a crença de que chorar é sinônimo de fraqueza?

Compartilho agora uma **dica de ouro**. Quando passo por situações de extremo estresse, preciso chorar para me sentir aliviada. Então, "saio de cena", vou para algum lugar e me coloco em isolamento, com uma música que, ao escutar, normalmente me faz chorar. Reflito sobre tal situação ou problema que está sendo vivenciado no momento. Permito-me liberar o choro caso sinta vontade, sem reprimi-lo, para limpar minhas emoções de dor, raiva, frustração, angústia, medo e o que eu possa estar sentindo no momento. Faço isso conscientemente, entendendo que essa ação acalmará minha mente sobre qualquer tipo de situação conflituosa, também ajudará a evitar possíveis doenças psicossomáticas, pois estou liberando as emoções que são toxinas em meu corpo e mente.

COMO AS LESÕES EMOCIONAIS IMPACTAM NOSSAS *SOFT SKILLS*

Olhando pelo ângulo do desenvolvimento das *soft skills*, por exemplo, as pessoas com lesões emocionais mais profundas demonstram baixa proatividade, senso de equipe, senso de liderança, baixa empatia ou excesso dela, são mais operacionais, pouco estratégicas, normalmente fazem somente o que é mandado, não conseguem estender a visão além do que os olhos enxergam, excesso de escuta, nunca manifestando opinião, entre outros. Profissionais em cargos de liderança também manifestam as lesões emocionais como os donos da verdade, baixa escuta ativa, arrogância, senso de liderança distorcido ("chefe manda"), não seguem sua intuição, agem mais na razão, baixa empatia, falta de comportamento humanizado, quase não pensam no coletivo, somente em interesses próprios.

Quando passamos pelo processo de tratamento de nossas lesões emocionais e aprendemos a desenvolver as habilidades de autopercepção e observação, começamos a potencializar nossas *soft skills* – as habilidades que descrevi no parágrafo anterior –, ou seja, aceleramos esse processo, para que seja possível alcançar outros níveis da nossa capacidade intelectual (inteligência), sendo mais ágeis, focados e estratégicos, nos tornando capazes de assumir novos cargos profissionais ou alcançar novos resultados em nossa empresa.

DICA DE OURO

Chorar cura, liberta, nos dá a oportunidade de não desistir, de restabelecer a coragem e a autoconfiança, respirar fundo, bater a poeira e seguir adiante, com mais leveza, resiliência e constância.

Por Caren Fernanda Muraro

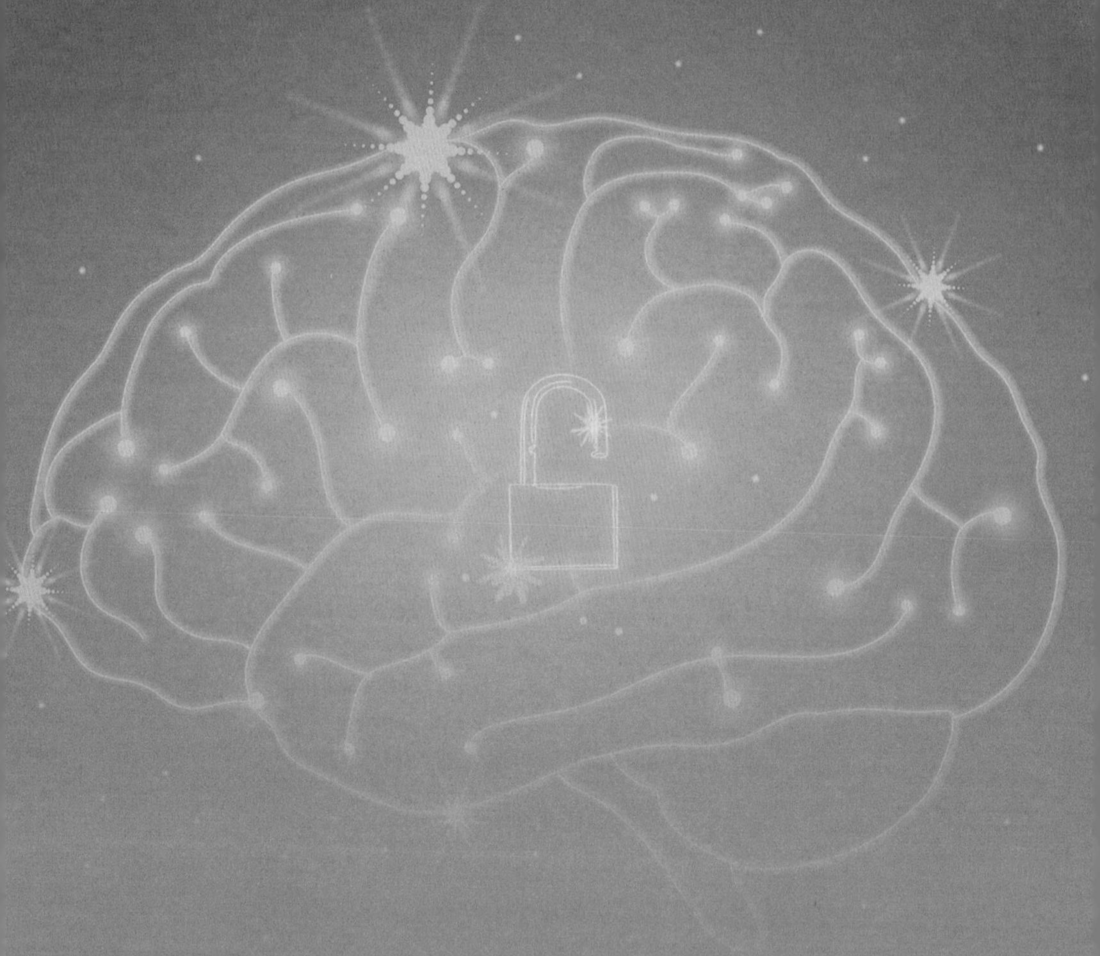

Capítulo 2

LESÕES EMOCIONAIS E O GERENCIAMENTO DE CONFLITOS

Neste capítulo, vamos aprender a identificar as lesões emocionais, tanto em si quanto nas outras pessoas, com o intuito de alcançar um gerenciamento de conflitos de forma mais efetiva e eficiente, desfrutando de um estado emocional mais neutro, para minimizar ou eliminar possíveis desgastes emocionais.

Precisamos compreender que as nossas lesões emocionais potencializam as situações conflituosas que ocorrem no meio em que vivemos. Assim sendo, são nossos conflitos internos, sentimentos, pensamentos e comportamentos, que geram os conflitos externos, ou seja, no ambiente familiar, profissional, rua, trânsito, mercado, entre outros.

Todos nós temos conflitos internos e passamos por conflitos externos; faz parte da vida e do relacionamento entre as pessoas. Concordo quando falam que os conflitos nos ajudam a amadurecer emocionalmente. Entretanto, o que precisamos fazer é aprender a gerenciar esses conflitos em nossa vida. Ao identificarmos as lesões emocionais em nós e nos outros, alcançamos um gerenciamento mais eficiente, refletindo em uma vida mais leve e tranquila, emocionalmente falando.

Isso não significa que os problemas desparecerão, mas que desenvolveremos percepção, atenção e observação a tal ponto que alcançaremos maturidade emocional o suficiente para administrar qualquer situação que nos seja desconfortável.

Dessa maneira, reforço que tais habilidades requerem nunca agir por impulso, porém pensar antes de agir sobre qualquer situação conflituosa. Agir por impulso, de "cabeça quente", é permitir que nossas lesões emocionais assumam o controle da situação; a ideia central aqui é que aprendamos a administrar em nós ou no ambiente em que estivermos.

CONFLITOS INTERNOS

Nas mentorias, atendo pessoas no desenvolvimento das *soft skills*. O primeiro passo no processo é identificar e tratar as lesões emocionais. É impressionante perceber que, ao tratarmos as lesões, aceleramos o desenvolvimento de tais habilidades. Já tive casos de pessoas que só o fato de reconhecerem as lesões e tratá-las era o detalhe que faltava para conseguirem decolar profissionalmente.

Ao longo de minha jornada de desenvolvimento pessoal, no tratamento de minhas lesões e na experiência com meus clientes, constatei que os conflitos internos são nossos vilões, ou seja, limitadores que nos impedem de avançarmos mais em nossas habilidades comportamentais. Nesse sentido, é preciso fazer um rastreamento desses conflitos quando surgem, porque estão atrelados às lesões que tanto menciono aqui, tornando algo que poderia ser resolvido com cautela em caos.

É preciso entender que são os conflitos internos que geram os conflitos externos, e vice-versa. Muitas vezes, brigas e discussões (trânsito, ambiente familiar, profissional) só acontecem porque a pessoa não tem a mesma opinião. Ao escutarmos palavras que acionam traumas (memórias de dor), nos sentimos feridos (inferiorizados, agredidos, magoados, humilhados) e o conflito externo é inevitável, por não mandarmos mais em nossas emoções.

Passando o comando para a lesão, acionamos inconscientemente nosso instinto de defesa, que promove conflitos desastrosos, como o famoso bate-boca e até agressões físicas. Essas lesões podem ser verdadeiras "bombas-relógio", causando um estrago externamente. Por esse motivo, é necessário aprender a identificar quando as lesões se manifestam tanto em nós quanto nas outras pessoas, para que seja possível alcançar um gerenciamento mais eficiente.

Ainda, ao ocorrerem os conflitos externos, trata-se de uma lesão emocional brigando com outra lesão, por isso em muitos casos ocorrem verdadeiros estragos nos relacionamentos (amizade, namoro, casamento, ambiente de trabalho e social), ocasionando rompimentos desnecessários de empregos, contratos, clientes, amigos, casamento, entre outros.

Acredito que sempre teremos algum tipo de conflito interno, entretanto, quando a raiz dessas emoções é identificada, nossa percepção é ampliada, tornando-se possível alcançarmos níveis mais elevados para gerenciá-las, evitando muitos confrontos desagradáveis e desgastes emocionais. Conflitos podem trazer muito sofrimento, desgaste mental e emocional, tornando-se enormes gargalos de desperdício de tempo e energia.

Uma vez escutei uma pessoa falando que conflitos são necessários para solucionar problemas. Acredito que podemos, devemos e conseguimos alcançar maturidade emocional o suficiente para solucionar qualquer problema sem conduzir qualquer nível de conflito, sem agredir, ofender, humilhar e machucar. E foi acreditando muito nisso que decidi escrever este livro.

As lesões emocionais são os maiores vilões, limitadores para conseguirmos explorar nosso potencial. Sentimos culpa, tristeza, arrependimento e não conseguimos tomar decisões difíceis. O medo assume o comando, e a tendência, se não tratar, é aumentar o nível de conflitos internos, nos fazendo adoecer ou até mesmo ficarmos na solidão, impactando o desempenho profissional, levando-nos a uma vida financeira muito limitada.

Devemos ter ciência de que os conflitos podem ir além das lesões emocionais, de questões morais, éticas, tabus, crenças limitantes, desejos não realizados e incompreendidos, entre outros. Por isso, ao ressignificarmos esses traumas em nosso *drive* mental, valores, tabus e crenças se modificarão também, já que, aos poucos, assumimos uma nova mentalidade e comportamento.

As lesões podem levar a pessoa a uma estafa mental bem significativa, gerando pânico, estresse severo, insônia, pesadelos constantes, fobias, entre outros transtornos. Assim sendo, é preciso entender que, quanto antes os conflitos internos forem resolvidos, menores serão os prejuízos para a pessoa e os que convivem com ela.

Estudos apontam que esses conflitos estão atrelados a dores e traumas de infância, os quais foram esquecidos, escondidos ou cristalizados de alguma forma em nossa memória, de forma inconsciente (instinto de defesa) para evitar sofrimento, uma espécie de proteção. Então, ao vivenciarmos algum tipo de conflito externo, as lesões emocionais também podem se manifestar.

Para conseguirmos dar passos em nossa jornada, é preciso resolver os conflitos o quanto antes, principalmente se estão se manifestando de alguma forma.

NÍVEIS DE CONFLITOS

Alguns estudos apontam quatro níveis de conflitos:

- **Conflito pessoal (intrapessoal)** – ocorre com os próprios pensamentos, emoções, ideias, valores e predisposições. Esse tipo de conflito pode ocorrer quando a pessoa fica em alguma luta mental sobre o que "deseja fazer" e o que "deve ser feito". Esse conflito surge por vários motivos e diferentes intensidades, ocorrendo em qualquer momento.
- **Conflito interpessoal** – ocorre entre duas ou mais pessoas, independentemente do ambiente (trabalho, familiar ou social) e do motivo.

- **Conflito intragrupal** – ocorre dentro do mesmo grupo, família, equipe ou setor.
- **Conflito intergrupal** – ocorre com pessoas que não pertencem ao grupo, são de outro departamento e/ou equipe.

Descrevo esses níveis de conflitos unicamente para que você os entenda, mas não vou me aprofundar em cada um. O que pretendo é explicar os motivos pelos quais esses conflitos acontecem e como podemos gerenciá-los, independentemente do nível em que ocorrem.

APRENDENDO A EVITAR E GERENCIAR CONFLITOS

Nesse contexto, descreverei um passo a passo que poderá ajudar a amenizar ou solucionar qualquer conflito que tem, teve ou possa vir a ter.

- **Passo 1** – É necessário observação e percepção (estar atento, estado de alerta) para reconhecer e identificar seus pensamentos. De forma mental ou escrita, realizar um rastreamento do conflito interno e compreender por que o conflito iniciou, como iniciou e de que modo se estabeleceu em sua vida.

Caso não consiga sozinho, busque alternativas, como terapias ou mentorias. Rastrear e identificar sentimentos, pensamentos e comportamentos diante de qualquer conflito ajudará a perceber se existe alguma lesão emocional se manifestando em determinada situação.

- **Passo 2** – O conflito está afetando sua vida pessoal, profissional e social. Em um papel, descreva possíveis soluções que acredita que influenciariam a resolver o conflito. Faça perguntas sobre o conflito a si mesmo. Olhe e analise, com empatia, todas as pessoas que estão envolvidas. Colocar-se em isolamento, silêncio e reflexão trará maior clareza mental para possíveis soluções.
- **Passo 3** – O que é mais importante, valores – princípios –, propósito de vida, antes de tomar qualquer decisão? Liste o que abriria mão para resolver o conflito. Desenvolva um olhar mais coletivo sobre o conflito vivido no momento. Seja empático e não individualista, identificando possíveis traumas que possam justificar o comportamento de qualquer pessoa e circunstância.
- **Passo 4** – Entender a intenção de cada parte envolvida antes de julgar, mesmo que seja necessário fazer perguntas às pessoas e considerar as intenções positivas delas e suas. Estabelecer acordos entre as partes vai ajudar muito a minimizar conflitos. Oportunizar um momento em que todos os envolvidos expressem a visão e a interpretação referentes ao assunto antes que seja estabelecido qualquer tipo de acordo.

Não se sinta culpado ou dono da razão, resolva os conflitos com maturidade emocional, independentemente do ambiente. Nunca esconda sua opinião e interpretação dos fatos, seja claro, transparente e verdadeiro, "doa a quem doer e custe o que custar". Contudo, utilize uma comunicação compassiva, sem arrogância ou agressividade. Jamais utilize comunicação violenta, pois potencializará qualquer nível de conflito, não seja "cabeça quente". Também é fundamental ter a habilidade de ser flexível e adaptável a novas situações, sem ser submisso, um "cabeça baixa".

Expor a opinião com tom de voz adequado e linguagem respeitosa, mesmo que a outra pessoa não seja, demonstra maturidade emocional diante de qualquer situação conflituosa.

- **Passo 5** – Chegou a hora da decisão, de oficialmente resolver o conflito. Tenha uma decisão ética, que atenda a seus valores e princípios morais. Avalie toda a situação com amor, empatia, flexibilidade e adaptabilidade. Considere como você e as outras pessoas se sentirão diante do novo acordo (este acordo pode ser com você mesmo, caso seja um conflito pessoal).

Caso alguém ainda esteja insatisfeito com o acordo, busque alternativas. Não se esqueça de estabelecer sob que circunstâncias o acordo poderá ser desfeito. É importante considerar a harmonia entre todos na hora da decisão para resolução de qualquer tipo de conflito.

Se isso não ocorrer, antes de definir o acordo, reinicie o passo a passo e, se necessário, realinhe. Mesmo se o acordo já foi definido e no decorrer dos dias não estiver dando certo, realinhe-o quantas vezes forem necessárias. Lembre-se de que as pessoas precisam ser retiradas de nossas vidas ou empresas, para que seja possível restabelecer a harmonia.

O sofrimento existente dentro de nós tem uma causa raiz, como já descrevi aqui. Podem ser as lesões emocionais, seus tabus ou suas crenças que estão causando os conflitos, tanto internos como externos. É preciso identificar, avaliar e solucionar; caso contrário, se tornará um gargalo de desperdício energético e de tempo. Entender o que está desencadeando qualquer tipo de conflito trará benefício a você e aos outros envolvidos, se for o caso.

Para ter um gerenciamento de conflito efetivo, é preciso ter autopercepção, observação ativa e constante para saber identificar quando as lesões das outras pessoas e as suas estão se manifestando. Ao adquirir essa consciência sobre si e o próximo, com certeza conseguirá alcançar outros níveis no que se refere a esse tipo de gerenciamento.

COMO IDENTIFICAR SINAIS DE LESÕES EMOCIONAIS NAS OUTRAS PESSOAS

É muito importante aprender a identificar as lesões emocionais quando se manifestam nas outras pessoas. Esse aprendizado nos ajuda a desenvolver maior empatia sobre elas ou qualquer tipo de situação, problema ou conflito. Por exemplo, em um conflito, quando duas pessoas discutem ou se indispõem, pode ser uma briga entre duas lesões emocionais.

Algumas características das lesões: pessoas que sentem raiva por qualquer situação ou se envolvem em conflitos com outras pessoas seguidamente, sem paciência e com excesso de crítica, achando defeito em tudo e todos; estressadas; tristes constantemente; emburradas por qualquer coisa (tudo as magoa); ciumentas; depressivas; mal-humoradas; caladas demasiadamente (não interagem com outras pessoas), buscam sempre por isolamento, demonstram baixa expressão emocional (não sentem vontade de sorrir, nada tem graça); elevada vulnerabilidade emocional (são de vidro, desabam por qualquer motivo, são frágeis emocionalmente); impulsivas, explosivas e ansiosas em demasia; se sentem culpadas por tudo, pedem desculpa por qualquer coisa o tempo todo; medrosas, inseguras sobre si, sobre seu potencial e sobre a vida em geral; entre outras.

Ao entendermos o que é uma lesão emocional, como e quando pode se manifestar em nosso comportamento e no das outras pessoas, eliminamos nossa imaturidade emocional.

IMATURIDADE EMOCIONAL

Muitos estudos demonstram o quanto a imaturidade emocional está atrelada às lesões emocionais, aos traumas que não permitiram que nossas emoções amadurecessem. Dessa forma, nos tornamos tão dependentes de vícios mentais e comportamentais que não são saudáveis, mas vilões que nos impedem de explorar o potencial de nossa capacidade intelectual, nos limitando ao desenvolver as *soft skills*, por estarmos agarrados a dores, comportamentos e pensamentos antigos.

Nossos traumas nos deixam muito vulneráveis emocionalmente. Qualquer situação ou palavra verbalizada pode acionar as memórias de dor, nos tirando do equilíbrio emocional, gerando ansiedade, angústia e desgaste desnecessário de energia.

Na literatura, encontramos o conceito de desequilíbrio emocional, definido como mudanças constantes de humor e de reações desproporcionais a imprevistos e acontecimentos negativos do dia a dia, ou seja, nossos desequilíbrios demonstram o tamanho da nossa imaturidade e da nossa lesão emocional.

Por esse motivo, aprenda a se observar para identificar nas mais diversas situações qual seu nível de imaturidade emocional e o que é preciso fazer e modificar em você para alcançar níveis mais elevados dessa maturidade.

É humano termos desequilíbrios emocionais, o que não é normal é permitir que eles assumam o comando, nos levando a ter atitudes, ações ou comportamentos inadequados ou imprevisíveis, nos colocando em situações de conflitos extremos com outras pessoas, ou até mesmo doentes.

Ter algum momento de desequilíbrio emocional, chorar, sentir raiva, mágoa, tudo isso é normal. A grande questão aqui é em que momento esses sentimentos são tão recorrentes que nos tornam vítimas da vida e de tudo o que nos acontece, quando saem do controle, ocasionado verdadeiros desastres ao nosso redor, ferindo, ofendendo e magoando outras pessoas.

Além do estrago que uma pessoa desequilibrada pode fazer na vida de outra pessoa, ela também pode gerar novos traumas. Normalmente, entramos nesses desequilíbrios com tal intensidade, por não entender que esses traumas estão assumindo o comando da situação, independentemente de qual seja.

Por três anos, tentei ingressar no curso de doutorado e, a cada "não" recebido, lá estava eu desequilibrada emocionalmente, depressiva, emburrada, magoada e por aí vai. Ficava assim por dias, era uma dor emocional insuportável, que chegava a refletir em meu corpo. Vocês se lembram da história que contei no capítulo anterior sobre a rejeição que recebi ainda em estágio fetal? Era esse estado mais uma vez se manifestando, gerando o desequilíbrio emocional. A mesma memória de dor (rejeição) registrada na época era acionada a cada "não" recebido. Por esse motivo, agia com tamanha imaturidade diante da situação.

Ao fazer a leitura com consciência sobre tal situação, modifiquei o sentimento dentro de mim, não permitindo mais que assumisse o controle, minimizando o conflito que sentia no momento.

Pessoas imaturas emocionalmente também apresentam o mesmo comportamento. Na maioria das vezes, temos dificuldade em perceber tal imaturidade em nós mesmos, pois estendemos nosso olhar e crítica aos outros. Entretanto, esse hábito mental precisa ser invertido, olhar mais para nós do que para os outros, porém não os perder de vista.

Podemos perceber que a imaturidade emocional existe em nós e no próximo quando a pessoa não consegue lidar com algo, por exemplo, quando alguém lhe diz um "não", quando as coisas não acontecem conforme o planejado. Se um resultado não foi o esperado, frustrando a expectativa, essas pessoas se colocam em posição de vítima, fazendo birra, ficando "mudo calado" (emburrado), gritando, xingando ou qualquer outro tipo de cena que demonstre desequilíbrio emocional.

Pessoas imaturas são desequilibradas em suas manifestações emocionais, não somente com raiva ou braveza, mas também com excesso de felicidade, elogiam demasiadamente tudo, demonstram uma felicidade plena, nunca têm problemas nem precisam de ajuda, criam um personagem para se defenderem de suas dores, nunca são culpadas de nada, sempre são os outros que causaram o problema, porque não conseguem lidar com as emoções, por isso criam essa blindagem inconsciente.

Essas pessoas precisam de autoafirmação o tempo todo, querem ser o centro das atenções, vangloriam a si mesmas e tentam diminuir o próximo. Isso pode acontecer de forma consciente, mas acredito ser inconsciente, porque todo esse comportamento está atrelado às lesões de que tanto falo aqui. Dessa forma, quando começamos a identificar as lesões em nós e nos outros, também percebemos nosso nível de imaturidade emocional.

Deixo aqui uma pergunta para testar seu nível de maturidade emocional: ao receber um "NÃO", qual é sua reação? E quais sentimentos vêm à sua memória emocional?

A seguir, para apoiar a jornada de desenvolvimento de suas *soft skills*, serão descritas as características de imaturidade emocional relacionadas a tais habilidades.

DEZ CARACTERÍSTICAS DE IMATURIDADE EMOCIONAL QUE INTERFEREM NO DESENVOLVIMENTO DAS *SOFT SKILLS*

Já entendemos aqui que as lesões emocionais interferem na nossa maturidade emocional, por isso precisam ser tratadas para não impactarem no desenvolvimento das habilidades. Diante disso, identifico a seguir dez características de imaturidade emocional relacionadas às *soft skills* que podem estar impedindo as pessoas de alcançarem níveis mais elevados profissionalmente.

Leia atentamente e tente fazer o exercício para identificar o que precisa ser melhorado em você. Essa ação potencializará as habilidades de autopercepção e observação que mencionei no capítulo. Também é possível usar essas características antes de contratar alguém ou para avaliar membros da equipe que precisam melhorar a *performance*.

1. **Baixa adaptabilidade e flexibilidade:** pessoas que possuem uma mentalidade rígida, grau de dificuldade elevado em aceitar as mudanças necessárias ou adaptar-se a elas. Não conseguem mudar de opinião, pois estão enraizadas em suas crenças, tabus e em sua opinião sobre determinado assunto, limitando-se a expandir sua capacidade intelectual.

2. **Baixa empatia:** pessoas que têm dificuldade em compreender e aceitar a dor do outro. Não conseguem se colocar no lugar do próximo com amor e compaixão.
3. **Excesso de proatividade:** pessoas que apresentam baixa habilidade em delegar tarefas, com pouco senso de equipe. Não permitem que ninguém faça nada por elas, pois acreditam que somente elas executarão a tarefa com êxito. Essas pessoas ficam sobrecarregadas, estressadas e esgotadas, impactando na qualidade da produtividade.
4. **Baixa proatividade:** a pessoa não se sente capaz de fazer nada, aguarda sempre pela ordem ou por um direcionamento dado por outra pessoa, normalmente não expressa opinião em nada, só obedece, sua mentalidade não é estratégica, possui baixa agilidade. Com nível elevado de sentimento de inferioridade e rejeição, sente-se inferior às outras pessoas e faz tudo para não ser rejeitada, por isso é submissa. Possui baixo nível de motivação e não confia em si própria e no seu potencial.
5. **Baixo nível de inteligência emocional:** pessoas constantemente desequilibradas emocionalmente vão "do céu ao inferno" várias vezes ao dia. Com uma simples conversa em que discordam da opinião, explodem emocionalmente ou ficam emburradas. Normalmente, são causadoras de conflitos ou sempre estão envolvidas em um, levando e trazendo fofocas. Demonstram ansiedade extrema, tendência à síndrome de pânico, fobias, insatisfação com a vida e com o que já conquistaram.
6. **Baixo senso de equipe e de liderança:** pessoas que apresentam em seu comportamento alto nível de subjetividade, se acham sempre com a razão, donas da verdade, não se percebem, nem buscam refletir sobre seu comportamento, pessoas mais frias, insensíveis, com baixo nível de empatia; se estiverem em cargos de liderança, sua *performance* será bastante limitada.

7. **Ausência de responsabilidade:** pessoas que nunca têm culpa de nada, sempre são vítimas em qualquer situação, não admitem suas falhas, não enxergam seus erros, não os assumem e dificilmente pedem desculpa por algo. Justificam-se o tempo todo para provar que não erraram. Essas pessoas têm muita dificuldade em desenvolver habilidades como senso de equipe, liderança e empatia.

8. **Comportamento infantilizado:** pessoas com excesso de medo, com criatividade limitada, sempre aguardam outra pessoa tomar a frente; demonstram vitimização diante de várias situações; fazem brincadeiras em excesso, não levando as situações muito a sério; esquivam-se do trabalho duro e de suas reais responsabilidades, deixando sobrecarga de trabalho para seus companheiros (trabalho, casa); só querem fazer o que gostam, negando-se a fazer o que é necessário (casa, casamento, trabalho, educação dos filhos). Dificilmente conseguem assumir grandes cargos de liderança. Expressam uma visão sistêmica bastante limitada, costumam olhar somente para suas necessidades, não olhando para as necessidades do coletivo. Essas pessoas têm pouca confiança em si, são inseguras e têm atitudes covardes diante de situações conflitantes. Não conseguem agir sob pressão, ficam confusas e sem foco. São pouco disciplinadas em sua rotina diária, possuem baixo nível de resolução de problemas e raciocínio mais lento. Podem demonstrar compulsividade (comer de forma desequilibrada), alimentação infantil, como salgadinhos, biscoitos recheados, doces, refrigerantes, entre outros que comiam na infância. Possuem muita dificuldade em desenvolver as habilidades de empatia, adaptabilidade e flexibilidade e dispõem de baixo senso de equipe e liderança.

9. **Baixa gestão financeira:** pessoas que são compradoras impulsivas e gastam mais do que ganham ou gastam seu dinheiro antes mesmo de ganhá-lo. Compram o que não precisam com o dinheiro que não têm. Buscam resolver seu desejo impulsivo sem pensar nas consequências que compras exageradas podem trazer. São imprudentes no que se refere à gestão das finanças. Não conseguem ter maturidade para comprar só o que é necessário e pelo que podem pagar. Andam em círculos profissionalmente falando, quase não conseguem avançar, porque têm disponibilidade financeira para investir em sua carreira ou negócio, mas vivem endividadas, pedindo dinheiro para pai, mãe, familiares ou banco.

10. **Mentalidade enganosa:** pessoas que têm uma característica de se enganarem o tempo todo, olham para a vida de forma ilusória, como em um "conto de fadas", possuem emoções exageradas com tudo (relacionamento, trabalho, entre outros), mentem para si mesmas e para outras pessoas, enganando seu cérebro, escondendo a verdade dos fatos e acreditando nas próprias mentiras. Fogem de qualquer tipo de dor emocional. Acham que tudo se resolve e acaba em final feliz, como se a vida fosse um filme. São pessoas fáceis de serem enganadas e enganam os outros também. Podem demonstrar desvios de conduta profissional, ser muito simpáticas e sorridentes (em excesso), utilizam diferentes personagens para agradar as pessoas ao seu redor. Lembrando que isso está inconsciente na pessoa. Quando conseguem se observar e perceber, podem acontecer mudanças significativas. Dispõem de baixa capacidade de resiliência, constância e foco, dificuldade em seguir as regras e acordos estipulados.

E AÍ, COMO FOI?

Gostaria de destacar que existem níveis dessas características em nós; de nível baixo, médio e alto. Conseguiu se identificar em alguma dessas características de imaturidade emocional? Qual precisa melhorar? Talvez você diga que tem um pouco de todas ou quase todas. Isso seria ótimo, significa que você está desenvolvendo seu senso de percepção sobre si mesmo.

A ideia é exatamente essa, porque somos seres imperfeitos, é normal que tenhamos características a melhorar em nossos comportamentos, o importante é ter ousadia e humildade em conseguir se observar e identificar a verdade sobre si próprio para repensar o que for preciso e quando for preciso, só assim será possível alcançar novos resultados.

Nesses 24 anos de desenvolvimento de minhas *soft skills*, falo que tenho várias dessas características a evoluir ainda. Já evolui bastante, mas tenho certeza de que ainda consigo mais. E você, vem comigo também nesta caminhada?

É importante que tenha ciência de que ninguém decide ser imaturo. Isso acontece em nós devido ao meio em que fomos educados, como eram as pessoas que nos criaram, em que condições fomos gerados no ventre de nossas mães. Porém, entendermos isso é um passo importante para começar a reduzir nossos níveis de imaturidade emocional. Na verdade, o que precisamos é ser corajosos e humildes o suficiente para impulsionarmos o próprio crescimento pessoal/profissional.

A maturidade começa a se manifestar
quando sentimos que nos preocupamos mais
com os outros do que com nós mesmos.

Albert Einstein

Essa jornada não significa olharmos para os outros e nos esquecermos de nós mesmos, mas encontrarmos o equilíbrio – cuido de mim, sem deixar de olhar para o próximo –, sempre treinando um estado emocional mais equilibrado. Nesse sentido, vamos entender sobre estado emocional neutro, habilidade mental que o ajudará a alcançar leveza em sua caminhada e maior produtividade em menor tempo e com maior qualidade.

ESTADO EMOCIONAL NEUTRO

Encontrar nosso ponto de equilíbrio, nosso estado emocional neutro, não é uma tarefa muito fácil. É preciso expandir nossa consciência, treinar essa habilidade mental com muita persistência.

Ao sermos conscientes sobre o que estamos sentindo e por que estamos sentindo, os desequilíbrios emocionais se tornam mais fáceis de serem gerenciados. Para potencializar esse aprendizado, será preciso praticar continuamente as habilidades de percepção e observação.

Perceba que me refiro a essas duas habilidades como um pilar importante para desenvolvermos as outras habilidades comportamentais (*soft skills*), ou seja, como um acelerador desse processo de aprendizado e desenvolvimento.

Os descontroles emocionais são causados por diversos fatores externos que acabam acionando as memórias de dor. Entre eles, estão a sobrecarga no trabalho, a pressão para entrega de resultados, os desentendimentos profissionais, familiares e amorosos, entre outros. Tais fatores desencadeiam sintomas como ansiedade, insônia, dificuldade de concentração, raciocínio, clareza mental, dores no corpo e irritabilidade.

Para que se possa entender melhor, explicarei de forma lúdica e ilustrativa como gerenciar o equilíbrio para alcançar um estado emocional mais neutro.

Com calma, apenas visualize a Figura 2.

Figura 2 – Estado emocional equilibrado para gerenciamento de conflitos.

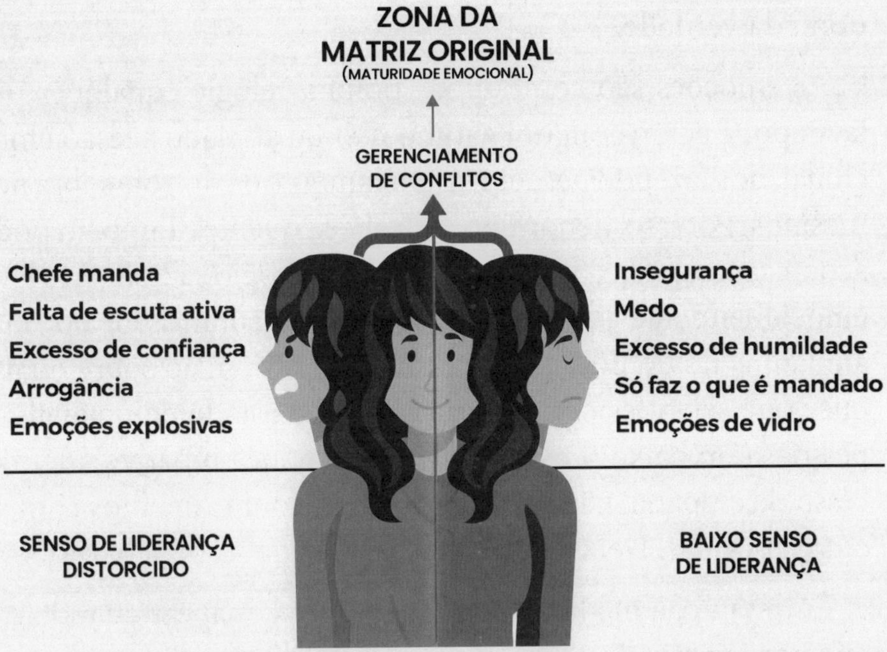

Fonte: elaborada pela autora / figura: freepik / adaptação: Raul Vargas.

Observe, no desenho, a linha vertical imaginária, denominada por mim de linha vertical da maturidade emocional. Imaginemos que essa linha fique localizada na zona da nossa matriz original. Emocionalmente falando, é nessa linha que devemos permanecer conscientemente para conseguir encontrar um estado emocional neutro, ou seja, mais equilibrado.

Quando nós saímos dessa linha vertical da maturidade emocional (equilíbrio), permitimos que a lesão emocional assuma o comando, surgindo os conflitos. Conforme a situação vivenciada no momento, nosso ego é atingido pela lesão emocional, o que acaba despertando sentimentos de superioridade, como: senso de liderança distorcido (achando que uma pessoa manda na outra), tom de voz elevado, arrogância, baixa escuta ativa, excesso de confiança, posicionamento de dono da verdade.

As emoções são como uma "bomba-relógio", qualquer palavra pode acionar algum gatilho mental atrelado à lesão emocional, nos fazendo perder completamente o controle sobre nós mesmos. Por isso, denomino de "cabeça quente". Também pode acontecer o oposto, em vez de "bomba-relógio", a lesão nos leva emocionalmente para um lugar de total submissão, no qual anulamos nosso posicionamento e nossa opinião sobre quaisquer que sejam as circunstâncias. Nesse estado emocional, as pessoas têm baixo senso de liderança, pouca proatividade, excesso de empatia, não manifestam seus conhecimentos com as outras pessoas. Denomino essas pessoas de "cabeça baixa".

Entretanto, à medida que aprendemos a mapear quando e o que nos faz sair de nosso estado de equilíbrio e entrar em um estado de imaturidade emocional, gerenciamos e minimizamos os conflitos. Se desenvolver essa habilidade de percepção sobre suas emoções, seus dias terão muita paz interior e sua ansiedade reduzirá significativamente.

Muitas pessoas são verdadeiras pedras preciosas, porém, devido às lesões emocionais, se posicionam com superioridade ou demasiada submissão. Entretanto, o que precisamos entender aqui é que não precisamos ser "cabeças quentes" ou "cabeças baixas". Ao aprendermos a perceber e observar nosso comportamento mental e emocional, aos poucos nos manteremos mais equilibrados, ficando por mais tempo em estado neutro das emoções. Assim, evitaremos muitos desgastes emocionais, resultando em mais energia para investirmos em projetos, com mais produtividade, em menor tempo e com maior qualidade.

Desenvolver a habilidade mental de estar em um estado emocional neutro nos ajuda a alcançar um nível muito elevado no que se refere à empatia, porque aprendemos a olhar para o próximo com amor e compaixão, impulsionando-nos a um encontro com uma vida plena em todos os sentidos.

Estar em um estado emocional neutro nos oportuniza ser mais rápidos e eficientes na resolução dos problemas, pois nossas emoções não estarão mais bloqueando o raciocínio, permitindo-nos maior clareza e agilidade mental, ampliando a capacidade intelectual (inteligência).

Tanto os "cabeças quentes" quanto os "cabeças baixas" apresentam lesões emocionais semelhantes, como medo, insegurança, inferioridade e rejeição. Assim, independentemente do que gerou a lesão, as emoções são semelhantes, porém, dependendo da educação recebida, crenças, tabus e características de personalidade, tendemos mais para um lado ou para o outro.

Quantos de nós vivemos em um meio que dizia "Engole o choro! Você é muito burro mesmo, não faz nada direito! Não faça isso! Não faça aquilo! O que os vizinhos vão falar!?". Fomos amputados emocionalmente, e isso hoje gera bloqueios, como medos e inseguranças, que travam e limitam o desenvolvimento de nossas *soft skills*. Quanto maior o trauma vivido, maiores serão esses bloqueios.

Eu poderia citar aqui mil exemplos de como foram geradas as lesões emocionais na nossa infância e até mesmo nos dias atuais, em muitos casos de relacionamentos pesados emocionalmente, por exemplo, mas a intenção deste livro é mostrar que podemos restaurar tudo isso, com tratamento e ensinando nosso cérebro habilidades mentais que neutralizarão as dores registradas em nosso passado.

Então, aprender a permanecer na **linha vertical da maturidade emocional** de forma consciente fará com que alcancemos maior equilíbrio sobre as emoções. Concomitantemente a isso, tratar essas lesões também será um propulsor para desenvolver tais habilidades, impactando na vida de quem convive conosco e a da próxima geração (filhos e netos).

Outra informação importante é que, ao conseguirmos identificar nossas lesões emocionais e as das outras pessoas, tornando-as algo consciente, alcançamos 50% da cura no tratamento delas, fazendo com que percam a força sobre nossas emoções e comportamentos.

Ter a habilidade de **gerenciamento de conflito** é uma *soft skill* importantíssima para nos ajudar a melhorar nossa *performance* pessoal/profissional. Alcançar um estado emocional mais neutro impulsionará novos resultados, porque a produtividade terá outra qualidade e será desempenhada de forma mais ágil.

Pessoas que tratam suas lesões emocionais além de viverem melhor ajudam a melhorar o ambiente em que vivem e trabalham.

Caren Fernanda Muraro

MUDAR SUA MENTALIDADE PODE MUDAR SEUS RESULTADOS

Quer uma vida melhor? Desenvolva a habilidade da mente elástica.

O verdadeiro potencial da nossa inteligência está na capacidade de mudar.

Albert Einstein

Desenvolver uma mentalidade flexível e que se adapte a qualquer mudança de rota necessária (pessoal/profissional) se faz urgente para enfrentar o modelo de mercado atual. Desse modo, destaco que essas duas *soft skills* ancoradas na maturidade emocional contribuirão para que seja possível alcançar uma vida mais leve e promissora profissionalmente falando.

A vida é repleta de mudanças, altos e baixos, cheia de desafios a serem superados diária e constantemente. Então, quando temos uma mentalidade elástica, em vez de reclamar e nos colocarmos em uma postura de imaturidade emocional, como vítimas da situação, essa habilidade nos oportuniza uma perspectiva mais aberta, dinâmica e criativa, trazendo benefícios em diversos aspectos da nossa vida. Entretanto, como toda habilidade, para essa também é preciso treinamento.

O conceito da mente elástica surgiu no campo da psicologia e das artes há alguns anos, em Nova York, em um museu de arte moderna, onde foi apresentada uma exposição sobre a ideia de um cenário em constante mudança. O modelo de mercado também vem enfrentando esse cenário, no qual expansão da criatividade e rompimento da rigidez e do tradicionalismo se fazem necessários e urgentes para nossa sobrevivência. No entanto, essas mudanças mentais podem não ser muito fáceis, principalmente para pessoas com personalidade tradicional e mentalidade rígida.

O nosso cérebro costuma ser bastante resistente à mudança de pensamento e comportamento. Para automatizar uma nova mentalidade, é preciso persistência e maturidade para aceitar tal mudança. Nosso cérebro é apegado à zona de conforto, dificultando o processo. É difícil, mas não é impossível, tanto eu como outras pessoas (mentorados), por meio do método que utilizo, estamos conseguindo avançar de forma acelerada.

Ensinar à mente conservadora novos hábitos mentais requer treinamento. E mais uma vez chego às habilidades tão faladas aqui. Para ter uma mente elástica, é preciso desenvolver nosso senso de percepção e observação. Ao aprendermos a identificar em que situações estamos sendo rígidos, intolerantes, inflexíveis ou não adaptáveis, iniciaremos o processo de desenvolvimento de uma mente mais elástica, criativa, inovadora, ágil e que gere mudanças positivas em nossa vida.

Aqueles que não conseguem mudar sua mentalidade não conseguem mudar nada.

George Bernard Shaw

Mudar a mente pode alterar o rumo da vida, trazendo resultados mais promissores. Quando nos propomos à mudança de mentalidade, olhamos ao redor com outro olhar, com uma perspectiva mais ampla e apurada. Novas conexões neurais são geradas, novos *insights*, ampliando nossa capacidade intelectual e nos levando a dar passos em novas direções.

É nesse momento que alçamos novos resultados, porque as novas habilidades mentais farão com que tenhamos novas ações, mudando o rumo da jornada, com novas escolhas, novas pessoas e novas oportunidades. Dentro desse contexto, descrevo algumas características para ajudá-lo a entender e desenvolver as habilidades de uma mente elástica.

1. **Agilidade em perceber emoções e comportamento**

   Uma mente elástica torna as pessoas menos frustradas e conflituosas, porque conseguem ter a habilidade de observar, perceber e analisar qualquer situação, problema e conflito por diversos ângulos e perspectivas, de forma tranquila e segura, proporcionando uma escuta ativa mais desenvolvida, fazendo com que a mente gere conexões entre os fatos, analisando tudo e todos com maior clareza mental.

2. **Adaptação às incertezas da vida**

   É preciso reformular conceitos, analisá-los de forma criteriosa, aberta e sem prejulgamentos. A mentalidade elástica requer que aprendamos a lidar com as incertezas da vida. Por exemplo, hoje estou trabalhando com algo, amanhã posso ser demitido e ter que mudar o rumo, fazer transição de carreira, e essa situação não pode me colocar em um estado deprimido, de vitimização ou sofrimento. A mente elástica estenderá seu olhar para novas possibilidades, de forma otimista e esperançosa, encontrando algo melhor para fazer. Nesse sentido, se adaptará ao novo, com flexibilidade.

3. **Saída da rigidez mental e do corriqueiro**

   É preciso se abrir ao novo, sem medo, confiando e expandindo a criatividade, trazendo inovação para a vida, novos trabalhos e negócios. É preciso ter ousadia para tentar o novo. Essa mente se torna ágil, fluídica e muda, se necessário, deixando o que era corriqueiro tradicional e a rigidez para trás, sem sentimento de dor e apego. Quando conseguimos atingir esse nível mental, adotamos uma conduta de maior proatividade em nossa vida.

4. **Maior tolerância ao erro e ao fracasso**

   Quando temos uma mente elástica desenvolvida, entendemos que o erro é necessário para alcançar a excelência, já que é aprendizado e oportuniza a melhoria contínua e o encontro com a excelência, ampliando a visão, enxergando detalhes antes não percebidos. Se uma investida não foi bem-sucedida, devemos tentar de outra forma, constante e resiliente. A mentalidade elástica se alimenta da curiosidade e dos questionamentos como uma grande motivação no saber. Um exemplo seria Leonardo da Vinci, que explorou a observação e a experimentação, questionando o conhecimento, uma pessoa com mentalidade à frente do tempo que vivia.

5. **Maior estabilidade emocional**

   A mente elástica nos permite alcançar um estado neutro das emoções. Sem rigidez, atingimos níveis mais elevados de empatia, por desenvolvermos uma escuta mais ativa, entendendo o outro lado da história quando, por exemplo, estamos envolvidos em algum tipo de conflito.

O psiquiatra Robert Cloninger nos orienta que, se formos receptivos às novidades e às mudanças que surgem em nossa vida, sem medo de enfrentá-las, a cada superação nossa personalidade vai se tornando mais forte. Quando a gente se propõe a ter uma mente elástica, ela nunca mais volta a ser a mesma.

Para encerrar este capítulo, deixarei algumas dicas para eliminar os gargalos de desperdício de energia e tempo que estão sugando sua energia vital.

COMO ELIMINAR OS GARGALOS DE DESPERDÍCIOS DE ENERGIA E TEMPO DA NOSSA VIDA

Para identificar o que toma nosso tempo e energia diariamente, primeiro é preciso identificar e eliminar o que não vai agregar valor em sua rotina diária.

Elimine qualquer tipo de conflito externo de sua vida, discussões por assuntos polêmicos (religião, política etc.); no trânsito, por motivos que você acredita serem injustos (por exemplo, uma pessoa jogou lixo na rua, passou no sinal vermelho, estacionou na vaga de garagem que julgou ter chegado antes). Questionar pessoas mal-educadas não vale a pena, é um desgaste energético e de tempo.

Além disso, de nada adianta não gostar da atitude da outra pessoa. Isso só trará esgotamento emocional, sem resultado prático. Fazer o exercício mental para conseguir identificar as lesões emocionais que a outra pessoa possa ter manterá sua mente em um estado emocional mais neutro, reduzindo a exposição a qualquer situação conflituosa.

Desenvolver habilidades de percepção e observação sobre seus pensamentos e comportamentos acelerará o processo de desenvolvimento de suas *soft skills*. Ao identificar o que rouba seu tempo e consome sua energia, terá mais tempo para realizar novas conquistas, sendo mais produtivo, em menor tempo e com maior qualidade.

Não perca tempo e energia se preocupando com o que os outros vão pensar sobre você. Eu aprendi que, pelo mesmo motivo que muitas pessoas o admiram, outras não admiram, **exatamente pelo mesmo motivo**.

Busque, pratique e treine permanecer a maior parte do dia em um estado emocional mais neutro. Isso o fará menos ansioso, mais focado e com maior clareza mental para resolver os problemas rotineiros.

No próximo capítulo, apresentarei cinco casos de histórias reais sobre lesões emocionais e o impacto que elas causaram no desenvolvimento das habilidades. No capítulo 4, mostrarei uma análise dos casos relatados e o que podemos aprender com cada um deles.

Somos julgados o tempo todo pelo que fizemos e pelo que não fizemos, então não perca a oportunidade de alcançar seu sonho por medo desses julgamentos.

Por Caren Fernanda Muraro

DICA DE OURO

Curar ou tratar suas lesões emocionais não modificará sua história, mas dá a oportunidade de escrever novos capítulos com novo enredo e, nele, estarão descritos novos resultados e, talvez, seu sonho alcançado.

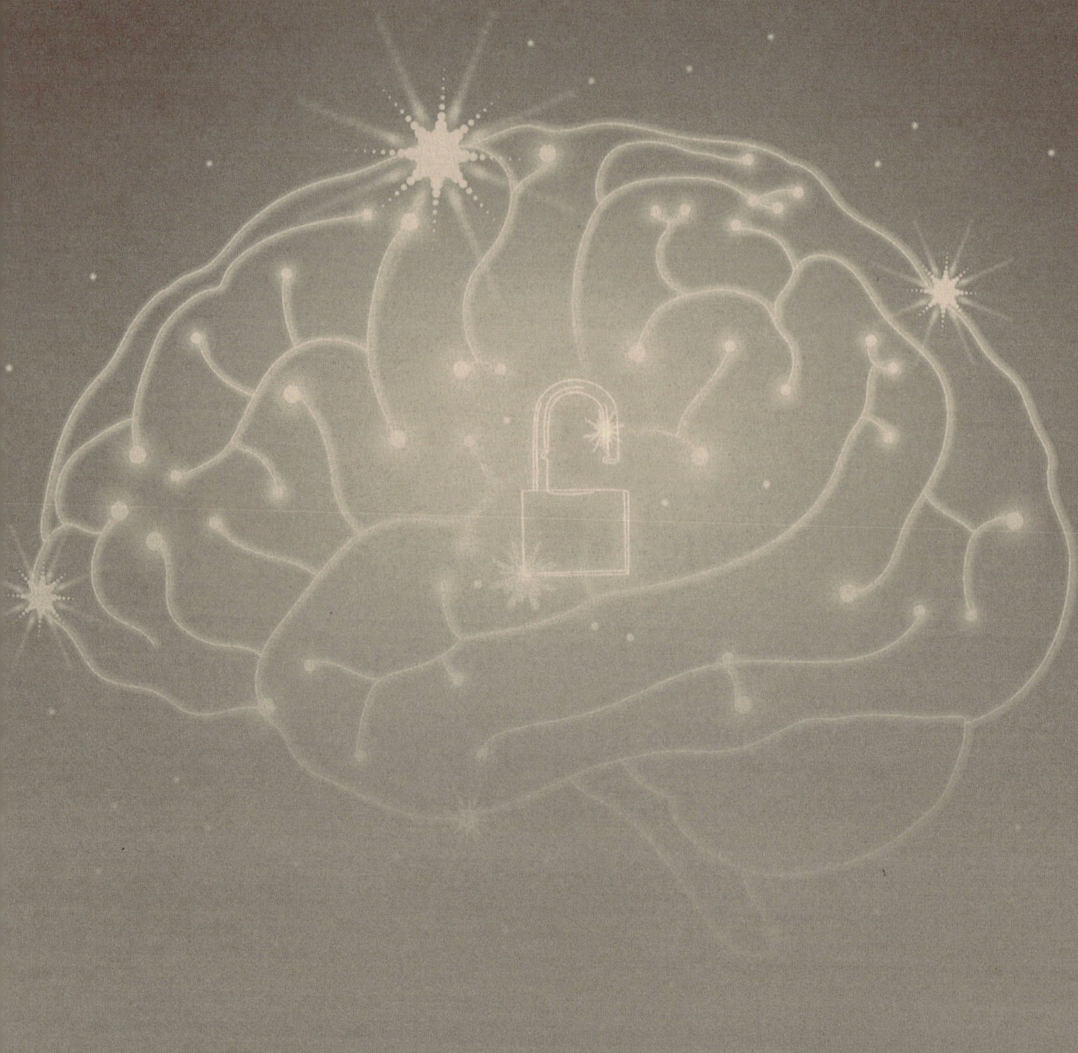

Capítulo 3

RELATOS DE HISTÓRIAS REAIS

Neste capítulo, apresento o relato de cinco pessoas que contam sobre seus traumas e o tamanho do impacto deles em suas vidas, como os superaram e a importância de identificar as lesões emocionais. Como pesquisadora, apresento também uma análise de conteúdo sobre a narrativa de cada história descrita, uma espécie de diagnóstico na intenção de despertar, em cada leitor, autoanálise e *insights* sobre suas possíveis lesões emocionais.

Quando escutamos ou lemos sobre as dores que os outros já passaram, nosso cérebro consegue fazer relação com o que nos aconteceu. Essa prática nos ajuda a refletir e ampliar nossa autopercepção, identificando e rastreando onde as lesões emocionais podem estar se manifestando e interferindo em nossa vida. Essa análise minuciosa dos cinco casos relatados é uma espécie de diagnóstico para guiar você a identificar os traumas que vivenciou.

A ideia central deste capítulo é que você consiga mapear e identificar suas possíveis lesões emocionais, aprendendo a administrá-las e gerenciá-las quando se manifestarem em seu comportamento e nas suas decisões.

Declaro aqui que, no intuito de preservar a identidade dos que participaram deste capítulo, todos os nomes utilizados em cada história são fictícios. Entretanto, a idade, o gênero e a atuação profissional são verdadeiros.

CASO 1

Nome: Leonardo

Idade: 40 anos

Atuação profissional: Empresário (Marketing Digital)

ONDE TEM DEUS, TEM CURA

O ano era 1988, eu tinha cinco anos de idade. Nascido em uma cidade no interior de Santa Catarina, ainda me lembro do meu pai me chamando nos finais de semana às 3h da manhã para ir até a empresa onde ele era gerente para verificar as câmaras frias. Mas, antes de chegar ao trabalho, passávamos em um posto para tomarmos café. Eu pedia um misto-quente e um suco. Como isso me deixava feliz!

Nesse período, as lembranças da minha infância eram as melhores possíveis, tínhamos uma vida confortável, meu pai e minha mãe se amavam, e eu tinha um irmão mais velho de oito anos chamado Ricardo. Meu irmão era mais introvertido; eu, ativo e o tagarela da casa. Gostávamos de brincar juntos, a pouca diferença de idade nos ajudou a sermos amigos. Claro, sempre com aquelas brigas de irmão.

Uma das coisas que mais amo lembrar da minha infância era a casa onde morávamos; posso descrever cada cantinho dela. O bairro era maravilhoso, as brincadeiras com os amigos, eu vendendo cubos de gelo feitos com suco para os vizinhos ou empacotando pirulitos em formato de chupeta, aqueles vermelhinhos que são puro açúcar, meu salário era pago em pirulitos quebrados. Lógico que sempre quebrávamos alguns para que nosso pagamento fosse mais recompensado.

Outra lembrança maravilhosa da minha infância foi o período da pré-escola. Fui matriculado no melhor colégio da cidade e, obviamente, eu não tinha noção de que éramos "bem de vida". Só sabia que era muito bom ter uma escola boa, carro bom, ser sócio do clube que tinha piscina e coisas legais, ter os brinquedos que eu queria e, o melhor, passear com a minha família em hotéis-fazenda.

Não éramos ricos, mas meu pai trabalhava muito para dar o melhor para nossa família. E, se tinha alguém que eu admirava, era meu pai.

Os anos se passaram, e as coisas já não pareciam tão legais e belas como antes. Será por que eu tinha oito anos e, agora, mais responsabilidades com provas e trabalhos e algumas em casa? Talvez.

Nessa fase, ajudava muito em casa, varria, tirava o lixo, cortava grama do quintal, lavava a louça. Eu era o principal ajudante da minha mãe, e isso era um grande motivo de orgulho. Meu irmão mais velho era sempre o mais preguiçoso e me mandava fazer as coisas que ele tinha de fazer, me pedia para comprar as coisas quando, na verdade, era ele que tinha que ir. Tudo porque ele era muito envergonhado. Eu não me importava em falar com as pessoas.

Quando estava prestes a fazer nove anos, recebemos a notícia que viria mais um irmãozinho para nossa família. Minha mãe estava grávida. Não tenho lembranças de como recebi a notícia e quais sentimentos experimentei naquele momento, mas, quando peguei Rafael pela primeira vez no colo, eu o amei demais.

Diferentemente das histórias que a minha mãe conta, que Ricardo queria me jogar pela janela quando eu nasci, amei ter um irmão mais novo, porque ele era fofo e, para mim, mais um amigo estava chegando.

Com dez anos, comecei a notar as brigas mais frequentes dos meus pais e, por algumas vezes, via minha mãe chorando. Quando eu perguntava se estava tudo bem, ela sempre me respondia: "Está sim, filho, está tudo bem!".

Eu sempre soube que meus pais brigavam e, para mim, era coisa de adulto. Só que, nessa época, as coisas começaram a ficar mais constantes e, pior, o que antes era somente entre eles, agora começava a ser na nossa frente.

Lembro-me de que um dia ouvi minha mãe dizer para minha tia que meu pai tinha outra mulher. Naquele momento, pensei: "Meu pai tem outra família? Será que ele não me ama mais? Por que ele quer outra família?".

E perguntas como essas começaram a brotar na minha mente e, com elas, o sentimento de culpa, peso na consciência, me fazendo acreditar que o que estaria acontecendo poderia ser porque eu havia desobedecido algumas vezes ou fazia coisas que não o deixavam feliz. Provavelmente, tudo aquilo era culpa minha.

Um ano se passou, as brigas só se intensificaram. Já não havia felicidade, passeios, brincadeiras, idas ao trabalho de madrugada com misto-quente e suco e, o pior, os choros da minha mãe eram mais constantes. Parecia que toda nossa "boa vida" estava desmoronando.

Lembro-me de que minha mãe procurou ajuda em vários lugares e pessoas, mas uma lembrança forte que tenho foi o dia em que ela pegou minha mão me levando até uma igreja evangélica, talvez na esperança de salvar seu casamento ou encontrar uma solução para aquele caos na nossa vida.

Ganhei minha primeira bíblia com as falas de Jesus em vermelho, presente da minha tia, irmã do meu pai, já que agora eu estava indo à igreja com minha mãe uma ou duas vezes por semana. Naquele momento, acredito ter sido meu primeiro contato consciente com Deus, algo raso e distante, mas um contato.

Tinha a sensação de estar tentando ajudar minha mãe a recuperar o casamento, mas ao mesmo tempo não queria isso, porque meu pai não parecia mudar. Eu faria tudo para ver minha família bem de novo e pensava que Deus poderia ajudar a voltar ao que era antes, mas não foi bem assim.

Algum tempo depois, estava com uma vida completamente diferente de tudo que eu queria. Agora, com doze anos; Ricardo, com dezesseis; Rafael, com quatro. Minha mãe chamou meu irmão mais velho e eu para nos sentarmos à mesa somente com ela, meu pai estava no trabalho, para falar de algo que mudaria completamente nossas vidas.

Ela começou dizendo que as coisas não estavam fáceis e que meu pai a tinha traído com várias mulheres, e que ela já não aguentava mais viver com ele mentindo, traindo e não tendo mais amor.

Fiquei muito decepcionado com meu pai, tanto por ele ter traído minha mãe quanto por saber que não foi somente uma única vez. O pior foi ouvir: "Desde que você nasceu, ele nunca mais parou de aprontar". Inclusive no dia que minha mãe estava na maternidade para me ter, ele estava com outra mulher; no meu aniversário de um ano, já era outra mulher. Anos mais tarde, ela me contou ter encontrado cartas de uma mulher que morava no Rio de Janeiro.

Ela me contou isso não para dizer que a culpa era minha ou algo assim. Naquele momento, porém, não entendia algo diferente disso.

Na conversa à mesa, em meio aos choros e soluços, já não aguentando mais as mentiras e traições, ela nos perguntou o que achávamos de ir embora para outra cidade. No mesmo instante, eu e meu irmão dissemos que nos mudaríamos, porque não fazia sentido ver nossa mãe sofrendo tanto. Só me recordo de ter sentido muita raiva do meu pai quando o encontrei novamente depois daquela conversa.

Nossa mãe nos pediu para o respeitarmos, porque ele sempre seria nosso pai. Ela nunca nos jogou contra ele ou fez chantagens para o detestarmos porque havia sido traída tantas vezes, mas meu coração com relação a ele tinha mudado completamente. Já não o via como meu herói, muito menos como meu pai.

Uma das piores lembranças que tenho dessa época é a minha mãe colocando as malas com as roupas do meu pai na sala e dizendo: "Dá uma olhada na sala!". A porta de entrada era na cozinha. Meu pai perguntou: "O que é isso?". Minha mãe respondeu: "Pode pegar suas coisas e ir embora".

Aquele sentimento ruim dentro de mim ficou por anos. Lembro-me do meu pai saindo de casa muito bravo e todo mundo chorando logo depois que ele saiu.

Ficamos um tempo naquela casa, mas logo precisamos sair, para que o imóvel fosse vendido para a partilha dos bens da família.

Um lar sendo destruído, pais separados, a promessa de uma nova cidade, incertezas sobre o futuro sem um pai presente, muitas mudanças de casa e de comportamentos estavam por vir.

Quando o ano letivo terminou, saímos da nossa casa e fomos morar com uma tia, outra irmã do meu pai. Mudamos da escola particular para uma pública. O nosso Tempra (carro do ano na época) – hoje eu entendo as piadinhas que meu pai falava: "*tempra* todas" – se transformou em longas caminhadas ou, quando era possível, passeios de ônibus.

Enquanto isso, minha mãe seguia para outra cidade à procura da nossa nova casa. Três filhos, sem trabalho, sem renda e em uma busca constante por uma casa em outra cidade, para termos nossa nova vida, agora sem nosso pai.

Ela procurou muitas casas e encontrou uma que aceitou pagar o aluguel no final do mês, o que tinha sido um milagre, mas o maior milagre precisava acontecer, que era nos mudarmos para lá e ela encontrar um trabalho e escola para nós.

Um amigo da família ofereceu o caminhão, um Scania com uma carreta muito comprida com lona para levar a nossa mudança, o que nos ajudou muito. E lá fomos nós na parte de trás da carreta, no escuro, com os móveis, eu, meu irmão mais velho e Paulinho, outro amigo da família que nos ajudaria na nova casa, enquanto minha mãe e meu irmão mais novo foram na cabine com Ítalo, nosso amigo motorista da carreta.

Tenho lembranças de minha mãe orando muito para encontrar um trabalho, escola e para que as coisas dessem certo.

Ainda a vejo deitada na cama escutando louvores, enquanto eu e meu irmão ouvíamos Raimundos e um monte de música ruim nos nossos quartos.

Para mim, já não fazia mais sentido falar com Deus na época. Ele teria nos abandonado, seria o responsável por meu pai não ter permanecido, já que tinha ajudado indo com minha mãe à igreja seguidamente. Sim, eu achava que Ele era tipo um gênio da lâmpada que precisava realizar os meus desejos. Naquele momento, não consideraria Deus como meu pai, afinal, se meu pai da Terra tinha me abandonado, imagine aquele que eu nem sequer via?

E, por um "milagre", minha mãe conseguiu um emprego que pagava exatamente o valor do aluguel da nossa casa, se não me engano R$ 800,00, ou algo assim na época, só faltava o dinheiro para comprar comida, pagar a luz, a água, entre outros custos.

Começamos a estudar em uma escola pública muito ruim, não só comparando com a particular que eu havia estudado, mas era algo totalmente diferente até mesmo da pública da minha cidade natal.

Permanecemos por dois anos lá. Logo tivemos que voltar para nossa cidade de origem, e, outra vez, novas mudanças de rotina, de modo que comportamentos e conflitos aconteciam dentro e fora de mim.

Tornei-me um jovem ressentido, amargurado, sem crenças ou convicções sobre um futuro bom ou um Deus que pudesse me ajudar. Tive depressão, fiquei mais isolado e não queria contato com as pessoas fora da minha casa.

Esse processo durou quase um ano. Depois, comecei a fazer novos amigos no novo bairro e na nova escola, em minha cidade natal. Parecia que as coisas estavam indo bem, até que um dia disse para minha mãe que estava com muita vontade de comer um cachorro-quente. Com os olhos cheios de lágrimas, ela me respondeu: "Vamos fazer um dia".

Naquele momento, tive a real noção de que estávamos passando necessidade e não tínhamos mais as regalias de comer algo que queríamos. Não chegamos a passar fome porque minha mãe sempre foi muito batalhadora e não nos deixava faltar comida, mas não tínhamos mais nada além do básico para viver.

Com 17 anos, retornamos àquela cidade onde morávamos antes. Eu, mais revoltado do que nunca, só queria saber de festas, mulheres e bebidas.

E, como se não bastasse, descobrimos que meu pai tinha dito para uma das nossas tias que ele tinha finalmente realizado um grande sonho, ter uma filha. Agora, além de estar com a mulher com quem havia traído minha mãe, ele teria uma filha, a qual me recusava a chamar de irmã.

Isso entrou no meu coração de uma forma totalmente errada, a ponto de desejar a morte daquela menina que nem tinha nascido ainda. Hoje, escrevendo isso, reflito: "Como eu poderia pensar isso de alguém que sequer pediu para nascer?".

No terceiro ano do ensino médio, o famoso "terceirão", eu já não parecia mais aquele menino estudioso que tirava notas boas e que gostava de estudar, queria apenas passar de ano para me livrar daquilo de uma vez e curtir a minha vida nas baladas que uma cidade grande poderia oferecer para um jovem cheio de raiva, rancor e sem medo algum. Afinal, em pouco tempo, eu estaria fazendo os tão esperados 18 anos.

Nesses anos, tenho poucas ou quase nenhuma lembrança de conversas com meu pai, porque fazia questão de ignorá-lo por rebeldia e por receio de conversar com o cara que eu pensava ter destruído nossas vidas.

Uma vez, lembro que meu pai ligou no celular da minha mãe e pediu para falar comigo. Comecei a falar muitas coisas horríveis para ele, que desligou na minha cara. Tomado por ódio, tentei retornar várias vezes para despejar ainda mais minha raiva sobre ele, mas ele não atendia. Foi então que tive a ideia de ir até o "orelhão" (telefone público) e ligar para o telefone dele com um número que não saberia de quem era.

Quando atendeu, disse para ele as palavras mais duras que um pai poderia ouvir de um filho: "A partir de hoje, você esqueça que tem um filho, porque hoje esqueço que tenho um pai!". E, simplesmente, desliguei o telefone na cara dele como tinha feito comigo. Com um pensamento: "VENCI!", sentia que tinha saído por cima.

Mal sabia que o ódio, a raiva, a vingança e a falta de perdão são venenos que tomamos esperando que a outra pessoa morra.

Dos meus 18 aos 23 anos, com a dependência de bebidas e uma vida promíscua com muitas mulheres, muita raiva de Deus, me declarando ateu convicto, ouvindo e tocando músicas relacionadas ao ocultismo, eu tinha certeza de que não duraria por muito tempo.

Minha vida se resumia em trabalhar, fazer faculdade de segunda a sexta-feira, beber à noite quase todos os dias e, nos finais de semana, ir para as baladas procurar mulheres e beber ainda mais.

Tinha uma dor insuportável no meu estômago, que me levou ao médico. E as palavras foram: "Olha, você já teve hepatite quando criança. Para você entender, seu fígado está como uma gelatina, e as bebidas destiladas estão acabando com ele. É melhor você parar ou provavelmente vai ter sérios problemas daqui para frente. Pode até morrer se te der uma cirrose hepática".

Isso poderia fazer qualquer um parar de beber e mudar seus hábitos, mas só pensava em aproveitar até quando pudesse, porque, para mim, não havia muitas expectativas.

Em certa ocasião, mais ou menos quando eu tinha 20 anos, fui convidado para o noivado da minha prima. Lá conheci uma linda jovem que parecia "brilhar".

Quando perguntei para minha prima quem era a garota, ela me disse: "Ih primo, a Cristiane é crente e, para ter alguma coisa com ela, você precisa se converter".

Na mesma hora, o "brilho" dela se apagou. Com muita raiva de Deus, não podia sequer pensar na possibilidade de me relacionar com alguém que falasse algo sobre Ele para mim.

Por causa dessa raiva de Deus, busquei estudar, ler e ouvir tudo o que era oposto a Ele e comecei a seguir o ocultismo de uma forma mais intensa. Tudo para buscar as respostas que não tinha.

Com 23 anos de idade, conheci outra menina que também era cristã, mas que estava afastada de Deus. Depois de um tempo de namoro, em uma conversa aleatória, ela me disse: "Deus está me chamando de volta e eu preciso voltar para Ele".

Fiquei muito confuso com o papo de "Deus está me chamando de volta" e ao mesmo tempo com muita raiva por descobrir que um dia ela já tinha "sido crente" e não ter me contado sobre isso.

Ficamos sem conversar por alguns dias, para que eu pudesse esfriar a cabeça e entendesse o motivo da quebra de confiança. Eu gostava dela, por isso acabamos ficando juntos com algumas condições, dentre elas estaria a de não falar de Deus nem me pedir para ir à igreja, o que logo foi descumprido.

Acabei cedendo, apenas com o intuito de agradá-la. Fomos juntos a um culto na igreja próximo à minha casa. Lá dentro, até tentei voltar a buscar uma vida com Deus, em quem não acreditava mais.

O tempo passou, fui fazendo novos amigos na igreja e, por ser extrovertido, acabei me envolvendo mais com as pessoas e com as tarefas religiosas. Desejei entender mais sobre Deus e tudo que Ele poderia fazer na minha vida.

Tempos depois, por muita insistência dela, acabamos assumindo um noivado, mesmo contra a minha vontade. Eu realmente não queria, mas acabei cedendo porque acreditava que seria o certo a se fazer, embora meu desejo não fosse de me casar com ela, porque não queria me comprometer.

Alguns meses depois, viajei para minha cidade natal (aquela da minha infância) na Páscoa. Quando retornei do final de semana com meus irmãos e minha mãe, fui entregar uma linda cesta de Páscoa para ela, e mais uma vez meu mundo caiu.

"Léo, precisamos conversar. Eu não te amo mais e não quero mais me casar com você!", ela me disse sem mais nem menos. "Como é que é? Mas foi você que queria ficar noiva, como assim você não me ama mais?". Perguntei se tinha me traído, se tinha outra pessoa. Ela disse que não tinha ninguém, mas que não queria mais estar comigo.

"Você tem certeza disso?" – indaguei – "Porque nunca mais vou voltar se você se arrepender depois". Ela me disse: "Não tem mais volta e essa é a minha decisão". Chorando, disse que ela se arrependeria e que eu não daria 30 dias para ela querer voltar, mas ela estava firme e convicta daquela decisão.

Eu errei o tempo, acreditava que, em trinta dias, ela voltaria arrependida, mas foram apenas sete dias. Ela me ligou dizendo que queria voltar, mas quem não queria mais era eu. Ela ameaçou se matar e fez chantagem emocional, mas não cedi e a apaguei da minha mente, como se tivesse desligado um botão, assim como eu tinha feito com meu pai.

Saí da igreja decepcionado com Deus, que novamente tinha me abandonado. Porém, dessa vez entendia, no auge da minha juventude, depois de ter passado por vários namoros conturbados e vazios, cheios de lesões emocionais e pela falta de paternidade, que precisava realmente de ajuda.

Com quase 25 anos, tinha voltado a beber e frequentar todas as festas. Minha vida agora era só festa e mulheres. Mais do que nunca, não queria compromisso com nada e com ninguém. Até que, em uma balada, completamente embriagado, ouvi uma voz dentro da minha cabeça: "Filho, não te criei para estar desse jeito e nesse lugar acabando com a sua vida. Volta para mim!".

Acredite você ou não, fiquei sóbrio na mesma hora e apenas disse para meu irmão mais velho (e parceiro de balada) que aquela era minha última vez em uma balada.

Procurei todas as formas de me reencontrar com Deus, mas tudo era muito difícil e, ao mesmo tempo, não sabia mais como agir e para quem pedir ajuda. Até que, em um domingo, perto do meio-dia, ouvi várias vozes de meninas na cozinha da minha casa conversando com a minha mãe.

Eu ainda estava tentando entender o que estava acontecendo enquanto acordava direito, já que tinha passado a noite toda jogando no meu computador. Acabei trocando o vício da bebida pelo dos jogos on-line.

Quando abri a porta do quarto e segui para a cozinha a fim de almoçar, vi a minha prima e mais duas amigas sentadas à mesa conversando. Elas tinham vindo passear na cidade porque uma delas iria para o aeroporto viajar. Lá estava Cristiane, quase seis anos depois de tê-la visto pela primeira vez naquele noivado que mencionei anteriormente. Fiquei sem reação, mas cumprimentei todas.

Naquele momento, pensei: "Esta é a mulher com quem eu vou me casar". Todos nós conversamos, rimos, fizemos piadas e, no fim, quando elas foram embora, tinha certeza de que ali nascia algo diferente no meu coração. Eu não perdi tempo c dci um jeito de conseguir com minha prima o MSN (antigo bate-papo) da Cristiane.

Foram longos meses com muitas conversas pelo MSN, até que finalmente decidi ir até a cidade dela, que ficava a 70 km da minha, para comer um lanche com ela e a minha prima.

Comemos o lanche, assistimos a um filme no cinema e ali tive a certeza de que estava apaixonado e tinha encontrado uma mulher maravilhosa. Mal sabia que me aproximaria de Deus como nunca antes.

Três meses depois, já estávamos namorando. Conhecemos as histórias um do outro, e ela, mesmo conhecendo minhas dores, meu passado e minhas falhas, me amou.

Passamos por muitas lutas, diferenças, brigas e choros. No meio de tudo isso, ficamos noivos. Dessa vez, eu queria muito, realmente queria que fosse ela, que me ajudou no processo de aproximação com Deus e mexeu na minha maior ferida, me ensinou que seria necessário perdoar a meu pai, porque Jesus teria feito o mesmo no meu lugar. Depois de 12 anos, nunca mais tinha falado com ele direito.

Três anos depois de nos conhecermos, casamos. Eu, com 28 anos, e ela, com 25. Convidamos nossos pais, irmãos e padrinhos para um casamento simples no cartório. Depois, saímos para jantar em um restaurante.

Obviamente, não convidei a mulher do meu pai, muito menos sua filha, porque, para mim, não eram parte da família; pelo contrário, foram a causa da destruição da minha.

Depois do nosso casamento, com ajuda da Cristiane, me levantei como um homem de verdade, assumi minhas responsabilidades e começamos a ter uma vida com Deus.

Conheci um Deus diferente daquele que tinha me decepcionado e, nesse processo, entendi que realmente precisaria perdoar meu pai, minha irmã e a esposa dele.

Foi então que, em uma noite, a minha avó paterna veio de São Paulo para visitá-lo, e ele me convidou pela primeira vez para ir até lá para falar com a minha avó. Eu aceitei.

Sabia que encontraria minha irmã e a mulher dele, e que isso poderia despertar meu lado mais horrível, mas, naquele dia, decidi perdoar a todos e me tornar mais parecido com Jesus.

Lembro-me de quando bati na porta, minha irmã, já com 12 anos, abriu e deu o sorriso mais lindo e sincero que jamais podia imaginar: "Oi, mano! Entre!". Meus olhos se encheram de lágrimas, nos abraçamos e começamos a chorar juntos na porta. Logo veio meu pai, nos abraçou e começou a chorar com a gente, dizendo: "Hoje é o dia mais feliz da minha vida. Obrigado, meu Deus! Obrigado, meu Deus!".

Naquele momento, percebi que tinha perdido 12 anos da minha vida, mas estaria disposto a recuperá-los dia após dia. No jantar, todos estávamos rindo, conversando muito felizes, quando meu pai disse: "Filho, eu queria que você orasse por nós, seria uma honra para mim!".

Então, vi que somente Jesus poderia ter feito aquela mudança na minha vida e ter me ajudado a perdoar aqueles que um dia odiei com todas as minhas forças.

Estou casado há 13 anos com a Cristiane. Tenho um filho maravilhoso de oito anos, uma vida e uma família maravilhosa. Frequentemente vou à casa do meu pai, e ele também frequenta a minha.

O maior receio que tinha era de não conseguir dar ao meu filho aquilo que escolhi não ter, o amor do meu pai. Aprendi com Jesus que nós podemos dar o que não recebemos, fazer o que não fizeram e ensinar o que não aprendemos.

Entendi que o perdão é a melhor forma de apresentar Jesus para nós mesmos e para os outros, porque Ele perdoou nossos pecados e nos ensinou o verdadeiro preço do amor.

Agradeço à minha mãe por nunca desistir de nós, por ser a melhor mãe que um filho poderia ter, por enfrentar tudo e todos para nos manter unidos e dar muito mais do que poderia dar. Ela, sem dúvida alguma, me ensinou que desistir não é uma opção.

Agradeço à minha esposa e a meu filho, por me ensinarem todos os dias sobre o amor de Jesus e me lembrarem de que só Ele é capaz de curar as feridas mais profundas da nossa alma. Eu os amo do tamanho do universo.

A meu pai, que me ensinou o valor do trabalho e foi usado para me mostrar que perdoar vai muito além do outro merecer ou não, me ensinou que o perdão é a melhor forma de se tornar verdadeiramente livre.

Atualmente, com 40 anos, sou empresário e tenho uma vida financeira e emocional bem mais estruturada que antigamente. Além disso, me tornei um estudioso e pregador da palavra de Deus. Lancei alguns livros digitais, sou palestrante e dedico boa parte da minha vida para que as pessoas alcancem sucesso familiar e na carreira profissional. E, o mais importante, sigo ativamente em busca de alcançar cada vez mais a minha maturidade espiritual com Deus.

ANÁLISE DO CASO 1 – LEONARDO

Neste caso, em que Leonardo nos relata sobre sua lesão emocional (dor, raiva e rejeição), é possível identificar o quanto essa dor influenciou por anos suas escolhas. Tornou-se revoltado com tudo e com todos. As dores profundas que sentia se manifestavam contra Deus ou qualquer tipo de religião, e o levaram a um estilo de vida perigoso, que poderia ter acabado com sua saúde ou até mesmo sua vida.

Por anos se perdeu em sua caminhada. Sua lesão emocional comandou suas escolhas que o levaram para uma vida de escassez em todos os sentidos (relacionamento, profissional e saúde). Sua dor e mágoa foram tão fortes que o fizeram desenvolver uma mentalidade egoísta e limitada.

Devido a seus medos e sentimento de culpa diante de tal situação, com apenas 12 anos, Leonardo acabou trazendo para si muita responsabilidade e muito peso diante da vida e acabou levando esses sentimentos consigo para a fase adulta. Então, para amenizar a dor e a culpa, decidiu ser o salvador da dor de sua mãe, assumindo o compromisso de acompanhá-la à igreja semanalmente por um período.

É importante observar que Leonardo sentia uma dor muito grande por não conseguir sozinho resolver seus conflitos. Em sua adolescência e fase adulta, optou por se colocar em um papel de vítima diante da situação, revoltando-se com Deus e com as pessoas que acreditavam nele. Dificilmente, nesses casos, uma pessoa consegue sozinha perceber o quanto sua vida está sendo influenciada pelos traumas que carrega.

Ela acaba optando emocionalmente por um caminho de revolta, assim como Leonardo, ou por um caminho depressivo, isolando-se do mundo, mostrando o quanto uma lesão emocional pode interferir no processo de maturidade emocional, que deveria ocorrer normalmente se não tivéssemos vivenciado tantos traumas e amputações emocionais na infância.

Entretanto, devido a outros acontecimentos que também o fizeram se sentir sozinho, não conseguia escutar as pessoas ao seu redor que queriam ajudá-lo. Aos poucos, foi restaurando a confiança e a fé, permitindo viver algo melhor do que vivia até então.

Outro ponto importante a ser destacado é que a lesão, por ser tão profunda, cegou-o diante das ricas oportunidades que a vida trazia. Ao encontrar uma pessoa especial em sua caminhada (me refiro à moça que estava no casamento da prima, a mesma que depois de seis anos se tornou sua esposa), devido à sua dor, fez com que adotasse uma postura arrogante e de superioridade diante dessa pessoa.

Esses sentimentos estavam sendo manifestados pelo seu medo inconsciente de se machucar e se decepcionar novamente com as pessoas que amava, assim como se decepcionou com seu pai, o qual considerava como um herói. Nesse sentido, criou um escudo de defesa mental, uma crença religiosa, um culpado (Deus), acreditando que ninguém prestava. Assim, afastou-se das pessoas e das boas oportunidades que a vida lhe trazia.

Ao se deparar com uma oportunidade verdadeira de se relacionar e construir uma linda família, mesmo sentindo em seu coração que seria algo bom e especial, ignorou seus sentimentos, desejos e instintos, permitindo que sua lesão assumisse o comando de sua escolha.

Nossos traumas criam um instinto de defesa (falso), protegendo nosso cérebro, inconscientemente, para não viver de novo aquela dor. Mas a vida é uma caixinha de surpresas. Depois de uma caminhada de seis anos, ele reencontra Cristiane (a garota do casamento) e, dessa vez, com sua lesão já mais controlada devido à maturidade emocional que adquiriu com o passar dos anos, conseguiu olhar para ela de outra forma e se permitiu viver a aventura que resultou em um casamento lindo com um filho.

Talvez você deva estar pensando que isso é destino, e ninguém foge dele. Até concordo em partes, porém o que trago para refletirmos é o fato de que, quando conseguimos identificar e tratar a lesão, paramos de perder tempo, atrasar nossa vida, "nosso destino".

Ao permitir que as lesões emocionais comandem as escolhas, nos desviamos desse destino, renegando as boas oportunidades, atrasando-as ou anulando-as. Se Leonardo continuasse na lesão com a intensidade com a qual estava, perderia tempo com situações desnecessárias que não precisaria estar vivendo.

Muitos dizem que "tudo tem seu tempo" para acontecer. Entretanto, nos casos referentes à lesão emocional, determinamos que quem escolhe o tempo da nossa libertação emocional somos nós.

Esses traumas são nossos vilões, corregentes, que influenciam e impactam nossas escolhas, comportamentos, ações, acarretando, consequentemente, resultados indesejados, como uma vida financeira limitada ou relacionamentos conturbados, confusos e abusivos.

Quando conseguimos identificar tais lesões, torna-se possível perceber o quanto estão assumindo o comando de nossas escolhas, mas não significa que não sentiremos mais a dor ou que, ao identificá-la, tudo estará resolvido, mas vamos aprender a perceber quando se manifesta interferindo em nossa tomada de decisão. Dessa forma, perdendo a força e, com o passar do tempo, essa lesão se torna apenas uma lembrança.

Ressalto que muitas lesões emocionais nos afastam, inclusive de Deus, como percebemos no relato do Leonardo, nos fazendo perder tempo diante do nosso chamado com Ele.

CASO 2

Nome: Igor

Idade: 52 anos

Atuação profissional: Diretor Executivo

RECONSTRUINDO VÍNCULOS, DESENVOLVENDO RESILIÊNCIA

A minha história é de uma vida marcada por desafios, crescimento e transformação. Uma jornada que revelou que é possível alcançar mais resiliência e capacidade de reconstruir vínculos.

Que possamos encontrar inspiração e lições valiosas nesta narrativa de superação. Convido você para mergulhar nas profundezas da minha jornada, na qual a libertação emocional se torna uma trilha sonora de coragem e esperança.

Minha jornada se entrelaça com a de inúmeros jovens nascidos na efervescente década de 1970. Sou o filho mais velho de uma família de quatro irmãos, proveniente do interior do estado do Paraná. Nossa história se desenha nas páginas de uma vida permeada por raízes familiares sólidas, imersas em valores cristãos que moldaram os primeiros acordes de minha existência. A melodia suave desse início ecoa ainda nos corredores na memória da minha infância.

Minha mãe, uma verdadeira guerreira, foi o alicerce inabalável que sustentou nossa família desde o começo. Seu papel foi crucial, desenhando contornos e me estruturando emocionalmente na visão de mundo desde os primeiros momentos. Entretanto, à medida que amadurecia, a clareza sobre a grande importância de minha mãe ficava mais nítida. Um entendimento que, ao lançar luz sobre o vazio deixado pela ausência de uma conexão próxima com meu pai, desencadeou uma sinfonia silenciosa que ressoaria avassaladoramente em minha vida adulta.

Minha entrada no mundo coincidiu com uma época em que os papéis familiares eram delineados de maneira tradicional: o pai era visto como o provedor e a mãe seria a guardiã do lar. Cresci em um cenário enraizado em padrões antiquados, no qual meu pai entendia que seu papel era unicamente contribuir com nosso sustento e com aquisições materiais. Hoje consigo ter a clareza e discernimento que verdadeiramente o que faltava era o diálogo, o afeto e o suporte emocional, essenciais para a construção de relações sólidas.

Lembro-me da nossa educação repleta de agressividade e medo, na tentativa de nos transmitir valores sólidos. Uma memória em particular ecoa dolorosamente: certa noite, em meu quarto isolado, o último reduto da casa, eu, acostumado a dormir apenas de cueca, mergulhei em sono profundo diante da tela luminosa da TV. Na madrugada, por volta das 4h, meu pai, que se levantava cedo para ir trabalhar, ao ver a luz ainda acesa, invadiu o recinto, despertando-me com a mangueira do chuveiro. Eu acordei assustado e gritando sem entender por que era punido.

Esse incidente deixou cicatrizes emocionais profundas, dilacerando minha juventude aos 16 anos, em um ano marcado não só pela tragédia da morte de Cazuza e o lançamento de um álbum da Legião Urbana, mas também pelas lágrimas que verti, buscando alívio na música nacional, em uma tentativa desesperada de mitigar a dor e a revolta que me consumiam.

Nos eventos escolares e familiares, minha mãe desempenhava um papel ativo, enquanto meu pai, imerso em sua função de provedor, permanecia reservado. Na adolescência, nas confidências sobre namoradas e inseguranças encontradas, apenas minha mãe estaria presente, com amor e paciência, para me orientar. Com meu pai, esse canal de comunicação simplesmente não existia. Essa ausência deixou marcas profundas, que, sem perceber, se infiltraram em minha vida profissional.

Minha mãe, além de ser a base do meu suporte emocional, desempenhou um papel crucial não apenas na minha vida pessoal, mas também na minha trajetória profissional. Foi ela quem abriu as portas do meu primeiro emprego, inspirando-me a trilhar o caminho comercial. Contudo, os finais de semana marcados pela escassez de diálogo e afeto com meu pai deixaram uma cicatriz emocional que se infiltrou silenciosamente em todas as áreas da minha vida, incluindo relacionamentos pessoais, como evidenciado pelo meu primeiro casamento.

Sem perceber, de forma inconsciente, reproduzi padrões de distanciamento emocional, assim como meu pai, e, por ausência de entendimento mais profundo, sem perceber, algumas vezes repliquei esse comportamento com meu filho vindo desse casamento, o que aconteceu quando eu tinha 23 anos.

Em 1988, aos 17 anos, veio a traumática separação de meus pais. Acredito que, como para a maioria, minha mãe, cansada de maus-tratos e falta de respeito, amor e carinho, decidiu que não queria mais viver aquela relação doentia, pois ele não demonstrava disposição para mudar ou refletir sobre o impacto de suas ações na família como um todo.

Nessa época, eu já tinha 18 anos e tentei ser uma pessoa equilibrada, mesmo com o destempero dele em algumas situações. Minha mãe acabou aceitando todas as condições que ele impôs, inclusive sair de um casamento apenas com uma casa, quatro filhos e sem pensão, com o objetivo de ser feliz e viver, pois, como casou muito jovem, ainda tinha energia para trabalhar e reconstruir a vida dela com os filhos. Nesse momento, fiquei ao lado da minha mãe e fui morar com ela, ajudando nas despesas de casa, na educação das minhas irmãs e de meu irmão mais novo.

No ano de 1996, aos 25 anos, um evento impactante ocorreu em minha vida. Após a separação dos meus pais, minha irmã mais nova foi diagnosticada com Linfoma de Hodgkin, uma doença rara. O tratamento árduo se estendeu por dois longos anos e meio, até que, em 1998, ela não resistiu e veio a óbito.

No auge da dor, uma cena me assombra até hoje: meu pai, assumindo o controle da situação no hospital, decidiu que ela deveria ser enterrada no interior do Paraná, ignorando nossa mudança para Curitiba pós-divórcio. Minha mãe, incapaz de contestar, chorava em silêncio. Eu, confrontando-o, expus minha indignação diante da insensatez de sua decisão.

Em meio à tensão, palavras reprimidas por anos emergiram, quase desencadeando uma briga física. Somente a intervenção dos familiares impediu o pior, e o velório seguiu em Curitiba, selando não só a partida de minha irmã, mas também o rompimento de nossa relação familiar.

Por mais de uma década, o silêncio sepultou nossas comunicações, até que, aos 39 anos, um reencontro frio e distante marcou o início de uma reaproximação, mediada por um primo. Esse episódio, marcado por dor, desentendimentos e separação, não só deixou cicatrizes profundas em nosso vínculo familiar, mas também evidenciou minha determinação em proteger minha mãe e defender o que considerava certo, mesmo que isso significasse romper com meu pai e parte da família. E foi o que aconteceu, por um período de quase 13 anos.

No cenário profissional, buscando acolhimento, atenção e aceitação, meus líderes se tornaram reflexos da figura paterna ausente por três anos. Entretanto, o vazio que sentia ainda ecoava em meus sentimentos, nunca sendo suficiente a atenção que eu recebia.

Por volta dos 27 anos de idade, iniciei minha carreira em cargos de liderança, e meus conflitos internos só aumentavam, pois tais traumas assumiam muitas vezes minhas tomadas de decisões regadas de muita insegurança e ausência de confiança em mim mesmo, incluindo algumas atitudes submissas diante de determinadas situações, afetando meu desempenho profissional e da minha equipe. Pairava sobre mim constantemente uma busca incessante por aprovação e a sensação de ocupar menos espaço do que merecia, tornando-se fantasmas persistentes do passado que continuavam a assombrar meu presente.

Foi então que, aos 37 anos, tomei a decisão de buscar por autoconhecimento. Já faz 15 anos que sigo nessa caminhada, consegui identificar meus traumas e o impacto deles sobre a minha vida, escolhas e comportamento, o que refletiu em meu desempenho profissional, espelhando as equipes que até então venho liderando.

Cada sessão foi uma escavação cuidadosa para limpar as feridas, um processo longo e doloroso, porém libertador, das correntes que me aprisionavam de meu passado. O ponto mais alto de cura foi entender que era preciso perdoar meu pai. Essa atitude foi transformadora, me levando em direção à aceitação das minhas vulnerabilidades, permitindo-me, dessa forma, seguir adiante, agora com maior confiança e merecimento sobre minhas conquistas.

A chegada aos 40 anos marcou o início de uma jornada inesperada. Após 13 anos, recebi uma mensagem de amor de meu pai, um farol na escuridão emocional acendeu uma chama ardente em meu coração, que despertou a coragem de buscar a reconciliação. No entanto, ao procurá-lo, deparei-me com um pai que, talvez devido à idade, assumia um papel mais infantil.

A culpa pelo distanciamento do meu pai e parte da família ainda perseguia meus pensamentos, gerando-me conflitos, mas a consciência da necessidade de cura orientou-me em direção a terapias, *coaching*, mentoria e cursos sobre comportamento humano, pois em alguns momentos me questionava o quanto poderia estar errado ou sendo intransigente.

Aos 52 anos, tive o privilégio de embarcar em uma jornada de autodescoberta ao participar da imersão conduzida pela Caren, a autora deste inspirador livro. Não consigo expressar em palavras o impacto positivo que essa experiência teve em minha jornada de cura emocional.

Por meio de exercícios profundos, reflexões introspectivas e valiosas interações com os demais participantes, pude enxergar minha história com uma nova perspectiva, como se estivesse observando de fora, dotado de uma visão sistêmica esclarecedora. O mais significativo foi o processo de perdão que vivenciei em relação a meu pai.

Compreendi que suas ações não derivavam de maldade, mas de uma criação moldada por crenças e valores. Hoje, sinto-me mais fortalecido e confiante, testemunhando gradual melhoria em nosso vínculo familiar. Embora ainda haja uma leve distância emocional, percebo um caminho promissor à frente, permeado por um crescimento contínuo e uma conexão mais profunda. Estou convicto de que, com o tempo, nosso relacionamento florescerá ainda mais, guiado pelo entendimento e pela aceitação mútua.

Hoje, ao olhar para o caminho percorrido, vejo não apenas cicatrizes, mas também flores que brotaram das feridas. O aprendizado transcendeu à mera aceitação de meu pai; foi sobre abraçar minhas próprias vulnerabilidades, transformando as feridas emocionais em degraus para o crescimento.

A jornada continua, mas agora caminho com uma confiança que se alimenta da superação, de prontidão para abraçar o futuro com suas incertezas e oportunidades.

Esta é a história de um homem, filho, pai e avô que, pelas adversidades, encontrou o próprio caminho em direção à cura e à redenção. Embora o futuro possa ser incerto, é alimentado pela certeza de que o verdadeiro poder reside no perdão, na aceitação e no amor-próprio.

ANÁLISE DO CASO 2 – IGOR

Ao analisar este caso, conseguimos identificar na narrativa de Igor, que, quando criança, sempre estendia o olhar a seu pai, seus movimentos e comportamentos. É importante salientar aqui que meninos, ao chegarem à idade de oito anos, voltam seu olhar para a imagem paterna.

Nesse caso, a ausência paterna do companheirismo e do apoio emocional causou nele traumas profundos e ausência de amor primário paterno, que gerou impactos em sua vida pessoal e profissional. É preciso entender que a mãe só consegue cobrir 50% das carências emocionais de uma criança; o pai, os outros 50%; um nunca conseguirá cobrir a parcela do outro.

Nesse sentido, se um dos dois se ausentar de seus compromissos referentes ao amor primário que precisamos receber quando criança, como abraços, beijos, carinho, acolhimento, compreensão, afago nos momentos difíceis, entre outros, haverá comprometimento do desenvolvimento natural da maturidade emocional, o que é observado pela narrativa de Igor.

Quando um ambiente educativo é pesado, hostil, agressivo, com punições exageradas e ainda não explicadas ao ser punido, acarreta amputações emocionais muito sérias. A criança que é criada nesse meio se torna um adulto desestruturado emocionalmente, e isso acaba interferindo em suas escolhas e tomada de decisões, como amizades, relacionamentos e vida profissional, pois a criança se sente insegura e com ausência de autoconfiança.

De certa forma, esse modelo educativo acaba por amputar o adulto emocionalmente, fazendo com que atrase a maturidade emocional que deveria acontecer naturalmente, se tivesse sido criado em um ambiente educativo mais leve, saudável, com acolhimento e manifestações de afeto. Nesse caso não foi diferente.

Igor só começa a identificar e reconhecer o impacto de suas lesões emocionais na sua vida aos 37 anos, quando decide iniciar sua busca por autoconhecimento. Graças a essa escolha assertiva, aos 40, inicia uma reconciliação com o pai.

Para perdoar, é preciso adquirir maturidade emocional suficiente para não considerarmos somente o nosso ponto de vista sobre determinada situação ou pessoa, é preciso estender o olhar além do que podemos compreender diante de nossa dor. Ao colocarmos nossa atenção na história que pode existir por trás de cada pessoa ou situação, começamos a ter mais empatia pelo próximo, permitindo enxergar a realidade em outros ângulos, com discernimento.

No caso de nossos pais, é preciso entender o modelo de educação com a qual foram criados. Não podemos culpá-los porque, no entendimento deles, a forma de ensinar e amar era exatamente a que nos repassaram, na intenção de garantir que os filhos seguissem o caminho da retidão dos bons valores, sem se atentar à dimensão que os traumas trariam pelas lesões emocionais passadas de geração em geração.

Outro ponto importante a ser destacado sobre esse relato é o quanto foi importante Igor identificar as lesões que estariam afetando sua vida profissional, principalmente quando começou a assumir cargo de liderança. Essa percepção faz toda a diferença quando almejamos alto desempenho em nossos resultados profissionais.

Os grandes vilões das nossas *soft skills* estão atrelados aos nossos traumas. Observe como ele relata seu excesso de empatia (postura de submissão diante de certas situações), descreve a dificuldade em realizar o gerenciamento dos conflitos seguidamente, como a insegurança e a falta de credibilidade afetavam as tomadas de decisões, comprometendo o desempenho de toda a equipe.

A grande sacada foi ter a humildade suficiente para reconhecer-se diante de seus conflitos e querer de alguma forma resolvê-los, o que oportunizou atualmente estar em um cargo de diretor executivo. Ele somou as *hard skills* (competências técnicas) com as *soft skills*, que já estavam mais desenvolvidas devido à sua carreira de líder desde seus 27 anos, e ao buscar o autoconhecimento, potencializou as habilidades comportamentais (*power skills*), tornando possível alcançar tal cargo.

Igor se casou muito jovem, aos 23 anos, e nos relata o quanto reproduziu os padrões comportamentais de seu pai em seu casamento, que durou dez anos, repetindo tudo com o filho que veio desse casamento. Claro que de forma inconsciente, pois só veio a entender tudo isso ao iniciar sua jornada de autoconhecimento.

É importante observarmos que, devido às lesões emocionais tão profundas que trazia, casar-se tão jovem não seria uma boa escolha no momento. Devido à idade de ambos e acompanhado da imaturidade emocional que se tem quando novo, de padrões de comportamento da época e dos que provavelmente sua companheira também trazia, acarretou uma separação – seguramente, ele não foi o único culpado por tal acontecimento.

A que quero me referir aqui é que, quanto antes nos propusermos a iniciar uma busca por autoconhecimento, oportunizaremos escolhas mais assertivas. Quando reconhecemos nossas lesões, nosso olhar muda, se amplia, se torna mais apurado, aprendemos a observar detalhes importantes que antes não conseguíamos enxergar.

Acredito que as carências, inseguranças e os medos de Igor o fizeram ter escolhas e comportamentos que, depois de se conhecer de forma mais profunda, não teria. Talvez a própria gravidez não tivesse acontecido, seria mais cauteloso. Não que um filho não seja uma bênção, mas de forma planejada, com as pessoas mais estruturadas financeiramente e maduras para enfrentar os desafios de um casamento e o compromisso de uma família.

É importante compreender que as lesões emocionais nos cegam diante de vários detalhes importantes que poderíamos perceber. Entretanto, por carência, insegurança, medos e necessidade de aceitação, deixamos de avaliar de forma mais criteriosa alguns detalhes ao nosso redor, tornando nossas escolhas e tomadas de decisões pouco assertivas ou resolutivas.

Quando passamos a nos conhecer melhor e a ampliar nossa percepção sobre nós e as outras pessoas, analisamos os movimentos da nossa vida com mais clareza, dando a devida importância ao que antes não percebíamos, expandindo nosso discernimento, não permitindo mais que situações e detalhes importantes passem despercebidos.

A história de Igor confirma o quão importante é iniciarmos o quanto antes nossa jornada pelo autoconhecimento, desenvolvendo as habilidades de autopercepção e observação, aprendendo a identificar de onde vêm as lesões, como estão se manifestando em nosso comportamento e fala e de que forma estão interferindo em nosso desempenho profissional.

CASO 3

Nome: Vitória

Idade: 49 anos

Atuação profissional: Fisioterapeuta/Terapeuta

MOMENTOS DE DOR PODEM TRAZER OPORTUNIDADES DE PROGRESSO PESSOAL E PROFISSIONAL

Meu nome é Vitória, tenho 49 anos. Desde pequena procurei ser correta, estudiosa, dedicada, trabalhadora, tentava suprir quem me rodeava. Embora eu venha de uma família que não interferiu nas minhas escolhas, sempre tentei suprir as expectativas de pais, professores, chefes, namorados, marido e filho.

É claro que não devo ter conseguido, mas acreditava que sim. Tinha e ainda tenho inúmeros defeitos, mas sempre acreditei que, agindo corretamente, não me aconteceriam coisas ruins. Nunca fui religiosa, mas sempre orei, meditei e me conectei com Deus. Mesmo acreditando na existência de algo superior, me tornei muito rígida, pois tentava encaixar tudo no quadrado das ciências naturais. E acreditava que estava correta.

A necessidade de suprir as necessidades dos outros me levava a agir pelas pessoas, diminuindo suas responsabilidades, acreditando que, assim, eu seria reconhecida como eficiente, justa e amável. Aí estava minha ferida, queria ser reconhecida como boa profissional, boa filha, boa mãe e boa esposa.

Até que descobri uma traição no casamento. Nunca imaginei que esse tipo de acontecimento doesse tanto, fiquei furiosa, com raiva, amarga. Ele pediu perdão, eu aceitei, pois imaginava mudar a configuração do meu casamento. Na verdade, meu casamento já não ia muito bem, eram muitas brigas e objetivos diferentes.

Depois da gestação, eu também mudei, passei a me dedicar a meu filho e fui me isolando meu marido, não falava o que me desagradava por preguiça, medo de briga, mas principalmente por medo de viver sozinha com uma criança. Assim, supria as necessidades da casa e até pessoais dele, neutralizando-o como homem e marido. Não tive todas essas percepções na época, embora nada justifique uma traição, porém acredito que tive certa responsabilidade.

Retomei o casamento tentando perdoar meu marido e acreditando que ele estava arrependido e teria sido apenas um momento de fraqueza. Procurei olhar para ele como homem, me dediquei a tentar superar, com muita terapia, pois na época já era acompanhada por um psicanalista, que me auxiliou nessas percepções.

Mas a força que me conduziu a essa melhoria foi o ódio. Eu usei o ódio para me proteger enquanto tentava me reerguer. Fiz coisas boas, iniciei atividade física, passei a me cuidar melhor, mas o ódio era como um pano de fundo, naquele momento era o que me movia e protegia.

Até que descobri que a traição não tinha acabado. Novamente perdi o chão, meu ódio cresceu imensamente, mas dessa vez o usei para agir, me mudei imediatamente, me divorciei em tempo recorde. Olhei no olho do meu ódio e disse: "Eu te enxergo, mas agora quem te controla sou eu, eu te aceito!". Respirei fundo e fui até a outra pessoa envolvida e falei tudo o que estava no meu coração. Foi um desabafo, lavei minha alma, foi libertador. Até hoje não me arrependo.

Não é fácil controlar um sentimento tão forte, mas meu grande ódio naquele momento era o que me mantinha viva. "Eu sempre fui correta, fiz meu melhor, e você, vida, permitiu acontecer isso?" Ou seja, destruiu minha crença que coisas ruins não acontecem para pessoas boas, "Eu me considerava como tal".

Os meses passaram, e meu agora ex-marido pedindo perdão, apresentava mudanças em seu comportamento e estilo de vida, como parar de fumar e beber, e passou a frequentar a igreja, estudar e entender a Bíblia. Com o tempo passando, as coisas mudando e pelo fato de termos um filho juntos, fomos nos reaproximando.

Eu sempre com pedras na mão, sendo muito hostil em tempo integral, acredito ser normal, pois ainda me sentia muito magoada, mas fui observando as mudanças de atitudes de comportamento dele. Continuei com meu psicanalista e tomei medicamentos para conseguir equilibrar meu emocional, pois precisava continuar a trabalhar, cuidar do meu filho, viver.

Não considero isso fraqueza, compreendo que, quando necessário, é preciso sim de medicamentos para auxiliar o processo de melhoria. Entretanto, por um tempo, não podemos ficar nos anestesiando das dores, é preciso resolvê-las e, para que isso seja possível, é preciso olhar para dentro, se conhecer, ir se trabalhando e se descobrindo internamente. É necessário olhar no olho dos nossos sentimentos e aprender a administrá-los.

Quanto ao meu ex-marido, resolvi dar outra oportunidade. Enxergava nele disposição para mudar e manter a mudança. Enquanto eu enxergar disposição, acredito valer a pena tentar. Fui com ele à igreja, o que, para mim, embora sempre tenha acreditado em Deus, não foi fácil, pois não era o tipo de igreja que costumava frequentar, mas isso me fez amadurecer espiritualmente.

Venci meu preconceito, minhas crenças e meus tabus, porque tudo que saía daquilo que considerava minha zona de conforto eu tinha certa rejeição, a rigidez me fazia ter dificuldade de mudar ou conhecer algo novo no que se refere a questões religiosas. Hoje foi algo que aconteceu em minha vida muito positivo, minha fé se fortaleceu, e a igreja tem me feito muito bem e me ajudado nesse processo de cura.

Outra grande dificuldade que enfrentei ao dar uma chance para meu casamento de 13 anos e a família que juntos construímos foi ter que escutar pessoas próximas a mim falando: "Não se iluda!", "Ele não vai mudar!", "É só estratégia para te reconquistar, depois volta tudo como antes". Outras frases que ouço, pelo fato de ter falado tudo que penso para ele e para a outra pessoa envolvida, são: "Isso é falta de amor-próprio!", "Você está se rebaixando!".

Essas falas podem refletir, talvez, feridas de quem as falam. Eu sei o que senti e sinto, e lidei com esses sentimentos da forma que foi possível no momento em que vivia a maior desilusão da minha vida. Não me arrependo. Escrevendo agora, percebo que, no fundo, acreditei acender a luz do bom caráter nessas pessoas. Ilusão e arrogância minha, todos têm seu tempo, motivos e as próprias feridas.

Esse acontecimento tão doloroso voltou meu olhar para muitas feridas até então desconhecidas em mim: o medo de ficar sozinha; a arrogância em suprir a necessidade dos demais; a ferida em ser aceita; a ferida do preconceito; e o tamanho da minha rigidez. Certamente, esse despertar de consciência sobre mim mesma foi o que me fez rastrear de onde estariam vindo essas feridas.

Foi nesse momento que me dei conta de que estava me esquecendo de algo muito grave que havia acontecido comigo aos dez anos de idade – uma tentativa de abuso por parte de um tio que tinha esse comportamento seguidamente com outras pessoas. Todos os familiares sabiam, porém escondiam uns dos outros debaixo do tapete, por medo de terem que enfrentar situações conflituosas, e foi nesse meio que aprendi esse padrão de comportamento.

Quando ele tentou abusar de mim, me defendi e falei para todos abertamente que estavam na sala em família naquele dia. Logo depois, ele se separou de sua esposa. Não sei se minha postura diante do ocorrido foi reprovada por todos ou se não tiveram estrutura emocional e coragem o suficiente para me acolherem naquele momento. Diante de tão grave situação, eu me senti inadequada.

Inconscientemente, naquele momento, repreendi meus sentimentos, assumindo de certa forma a mesma postura de silêncio e padrão de comportamento de meus familiares diante de situações conflituosas e acabei replicando-a em meu casamento.

Com certeza, esse despertar fez nascer uma nova mulher, mais consciente, madura emocionalmente, adotando outra postura diante de momentos difíceis e em alerta para que aos poucos esse padrão, essa dor emocional, perdesse sua força não mais assumindo a minha vida e a minha postura diante de situações difíceis de serem enfrentadas.

Atualmente, estou sem medicação – para mim, uma das minhas grandes vitórias, mas não descarto, caso seja necessário –, buscando sempre autoanálise e desenvolvendo ainda mais minhas habilidades comportamentais. Contudo, tal sofrimento acabou por ampliar minha visão e percepção com os casos de meus clientes, pois como trabalho com terapias e atendo muitas pessoas (homens e mulheres) com problemas semelhantes, hoje consigo ajudá-los de forma mais assertiva e efetiva para enfrentar e superar tais dificuldades.

Quanto ao meu ex-marido, enquanto observar nele disposição para mudança ou em manter as mudanças já conquistadas, estarei caminhando ao lado dele, entretanto estou ciente de que não posso controlar o futuro. Analiso sempre minha disposição para continuar e se tenho condições emocionais caso sofra outra decepção.

Enquanto eu avaliar que sim, me mantenho, sem me arrepender ou imaginar que estou perdendo meu tempo. Hoje me esforço para incluí-lo cada vez mais no contexto familiar, buscando a mim para não tentar supri-lo em tudo, aprendendo a trocar, a receber e a compartilhar.

O ódio, agora raiva, sigo trabalhando, pois, se minha vida for motivada por esse sentimento, vou adoecer – é um sentimento bom no sentido de alavancar, de mover, mas não pode ser o combustível da vida. Não vou dizer que foi bom o que aconteceu, mas serviu e está servindo para trabalhar minhas competências emocionais, estou aproveitando a oportunidade.

Cada pessoa tem livre-arbítrio para fazer suas escolhas. Quanto à minha, de seguir casada, acredito ter sido uma escolha de sabedoria, pois, devido ao amor que ainda sinto por meu marido e por nossa família, penso que vale a pena tentar.

Contudo, creio que o mais importante é perdoar, seguir em frente e se dar novas oportunidades. Independentemente do caminho escolhido, da dor e do trauma vivenciados, sugiro "fazer do limão uma limonada", aproveitando cada oportunidade que a vida apresentar, melhorando continuamente.

O perdão ainda não alcancei, mas estou caminhando para isso, com psicoterapia, oração e vigiando minhas atitudes e sentimentos, pois também não quero para mim nem para meu companheiro um relacionamento no qual os fantasmas do passado nos visitem com frequência, em forma de brigas, relembrando o que passou, pois, se a "roupa suja já foi lavada", acredito que dali em diante é vida que segue.

Ao meu redor, vejo pessoas que aprenderam a esconder seus sentimentos "ruins", a externar somente o bom, para obterem vantagem, tentarem suprir fragilidades, serem amadas e aceitas. Pessoas agindo como se suas necessidades ou vontades estivessem acima das dos demais, não pensam no mal que causam a outras pessoas.

Posso imaginar uma sociedade sem limites, pois, desde que traga bem-estar ou vantagem material ou emocional, as pessoas corrompem os limites do próximo, como se relacionar com outra pessoa de forma velada sem dar ao seu parceiro ou parceira o direito de decidir se aceita um relacionamento nesse modelo.

Para mim, vale a frase do homem que mais admiro na minha existência: "Não faça ao outro o que não faria a si mesmo!" ou "Ame ao próximo como a si mesmo!". Acho que ficou fácil saber quem é – JESUS. Partindo desse valor e pensando cada ação e sentimento antes de agir, fica mais fácil tomar decisões.

ANÁLISE DO CASO 3 – VITÓRIA

Ao observar uma das falas "Sempre tentei suprir as expectativas de pais, professores, chefes, namorados, marido e filho", é possível perceber que existe uma lesão emocional nesta narrativa.

O que estaria por trás de uma pessoa que busca incansavelmente suprir as expectativas das outras pessoas? Busca pela aceitação, por ser querida e amada por todos que fazem parte da sua vida de alguma forma. Essa busca por uma aceitação exagerada se dá porque existe uma memória de dor registrada, em algum momento no córtex pré-frontal, em que a pessoa (criança) se sentiu rejeitada, abandonada, não acolhida como esperava.

Por medo de sentir essa dor novamente, nosso cérebro inconscientemente ativa o instinto de defesa, criando uma ilusão de que, se agradar as outras pessoas e fazer o que elas querem e desejam, não seremos mais rejeitados, excluídos ou abandonados.

Essa lesão estava tão oculta no córtex pré-frontal da Vitória, que, sem perceber, ela anulou as responsabilidades de seu parceiro, tanto financeiras como no que se refere a comprometimentos familiares e à educação do filho.

Entretanto, o comportamento dela não foi o que causou a traição em seu casamento, pode ter sido um facilitador. A grande causa foram as lesões emocionais que o marido traz registradas. A traição é um ato de muita imaturidade emocional por parte de quem trai, no qual a pessoa busca por alimentar o ego, carências e aceitação.

Outro ponto importante a ser observado é que Vitória dispõe de uma maturidade emocional bem mais avançada que seu parceiro. Acredito que, por sempre buscar por autoanálise e trabalhar com terapias, isso a ajudou a desenvolver ainda mais essa habilidade e conseguir, mesmo no auge de sua dor e raiva, administrar a situação de forma cautelosa, pensando não somente em si, mas em seu filho também. Com certeza, muitos de nós devolveriam com outra traição, separação ou uma briga gigantesca na justiça.

A maturidade emocional de Vitória reafirma o que descrevo neste livro, sobre o quanto é importante se observar e se perceber continuamente, pois será essa habilidade que, quanto mais desenvolvida, nos ajudará a alcançar a cada dia maiores níveis no que se refere ao gerenciamento de conflitos.

Proporcionar nova oportunidade para um relacionamento de 13 anos, no qual ambos têm um filho juntos, é algo que exige um nível mais elevado de maturidade, gerenciamento de conflitos, amor e fé, principalmente considerando que a traição, mesmo depois de descoberta, seguiu acontecendo.

Sobre a fé, ela nos impulsiona a não perder a esperança mesmo diante do caos. E a fé foi um motivador para Vitória superar tamanha dor, pois registra em sua escrita "enquanto eu acreditar que vale a pena, seguirei tentando". Confiar que algo possa melhorar no futuro é fé, renovando o sentimento de esperança. Nesse caso, um casamento mais saudável junto a um marido mais amadurecido emocionalmente.

Outro ponto a ser destacado aqui é que, diferentemente de Leonardo (caso 1), Vitória (caso 3) utilizou a dor, a raiva, a mágoa, o rancor e o ódio para melhorar como pessoa, buscando de forma mais profunda se reconhecer. Ela não se coloca como vítima, mas aproveita a oportunidade para olhar de forma mais profunda para o seu passado, rastreando e o relacionando ao seu comportamento atual, junto a isso aproveita para potencializar suas habilidades e reforçar ainda mais a sua fé.

Já no caso 1, toda a dor sentida na lesão emocional por Leonardo foi canalizada de forma negativa, já que ele entrou em um papel de vítima diante da vida e da situação que estava ocorrendo. É óbvio que não podemos deixar de considerar que as lesões que aconteceram em ambos (casos 1 e 3) foram em momentos diferentes em suas vidas.

Leonardo tinha apenas 12 anos quando a separação de seus pais aconteceu; Vitória, 49; não há como exigir maturidade emocional em uma criança. Entretanto, não podemos nos esquecer de que Vitória, aos dez anos, também passou por uma tentativa de abuso, uma lesão profunda que poderia, inclusive, fazê-la não querer construir uma família, e não foi o que aconteceu.

Também é importante destacar aqui que Vitória já, há algum tempo, buscava fazer uma autoanálise, desenvolvendo tal habilidade. Quando passou por um trauma, conseguiu lidar melhor, assim como Leonardo, ao se propor a se voltar ao seu interior, conhecendo-se melhor e analisando seu passado e as dores por outro ângulo, com um novo olhar, também conseguiu mudar a situação emocional vivenciada na época.

Contudo, Leonardo demorou um tempo maior – refiro-me à sua fase adulta – e seguiu permitindo que a lesão emocional comandasse suas escolhas ainda por um bom tempo. Por quê? Era totalmente inconsciente nele o impacto negativo que a lesão emocional tinha em sua vida. As amizades que tinha e o meio em que vivia não o permitiam expandir sua visão, sua capacidade de compreensão. As pessoas ao seu redor estavam cheias de dores e traumas assim como ele. Assim, qual seria o tipo de conversa quando estivessem juntos? Lesão conversando com lesão.

Ao conhecer novas amizades, mesmo com a pouca frequência em que ia à igreja, para ele já fez toda a diferença. Menos amargurado, conseguiu expandir seu olhar, permitiu Cristiane entrar em sua vida e, aos poucos e com muita paciência, ajudá-lo a entender com maior maturidade sua história. Foi justamente pela fé, a qual havia abandonado no auge da dor de sua lesão, que entendeu o impacto do ato de perdoar exerceria em sua vida.

Atualmente, ele vive uma vida mais próspera (saúde, financeira e familiar) devido ao fato de se autoanalisar e alcançar a maturidade suficiente para perdoar. Podemos, então, dizer que o ato de perdoar estaria ligado à libertação das correntes que uma lesão emocional pode criar. Ao rompê-las, surge a oportunidade de uma vida mais próspera.

No caso de Vitória, ela utilizou a lesão emocional para expandir as habilidades e seu potencial humano, criando a oportunidade de ajudar mais ainda seus clientes. Como terapeuta, expandiu sua prosperidade em todos os sentidos (saúde, financeira e familiar), se libertando de medicações que precisou utilizar na época em que o trauma aconteceu.

Tanto no caso 1 como no caso 3, pelo despertar das consciências no autoconhecimento, Leonardo e Vitória conseguiram alcançar outro nível de maturidade emocional e visualizar a mesma história por outro ângulo, com outro olhar, tornando possível, por meio do ato de perdoar, a aceitação.

É preciso aprender a observar o que falamos quando ficamos nos degradamos com palavras pesadas e destrutivas, como: “Eu não sou bom nisso ou naquilo, sou burro, atrapalhado, idiota”, e identificar de que formas tais lesões podem estar se manifestando.

Ao ampliarmos nosso senso de percepção, reconheceremos as lesões como na fala e no comportamento das outras pessoas. Aprender a perceber nossas falas e das outras pessoas também nos ajudará a avançar para outros níveis de gerenciamento de conflito.

CASO 4

Nome: Ágatha

Idade: 55 anos

Atuação profissional: Empresária/Consultora

O SOL SEMPRE VOLTA A BRILHAR APÓS AS TEMPESTADES

Quando eu era adolescente, pensava que a vida fosse simples como uma linha reta, e sonhava com namoro, casamento, filhos e em viver com minha cara metade até o fim dos meus dias. Minha pouca vivência não me proporcionava ainda o entendimento de que a vida segue seu fluxo, com obstáculos, encruzilhadas e tantas outras situações que nos desafiam a todo momento, fazendo com que tomemos decisões, mudemos o rumo e resolvamos os conflitos internos exigidos pelas mudanças que a vida nos apresenta.

Nasci numa cidade pequena, no interior de Santa Catarina, e sou a irmã mais velha de quatro filhos. Em 1968, quando eu tinha cinco meses de idade, meus pais se mudaram para uma cidade da Serra Gaúcha em busca de trabalho. Nessa cidade, nasceram meus irmãos, e foi onde crescemos e construímos as nossas vidas. Minha primeira irmã tem idade bem próxima à minha, porém meu irmão e a mais nova nasceram 11 e 16 depois de mim, respectivamente, e essa diferença de idade nos fez viver realidades e exigências bem diversas em relação ao momento social, à maturidade e às condições emocionais e financeiras de nossos pais.

Todos tivemos uma boa educação, regada de bons valores e

princípios, embora um pouco mais rígida quando comparada à forma de educação atual. Algumas vezes éramos castigados, apanhávamos, palavras duras eram ditas para nos repreender com base no medo. Na minha adolescência, meu pai viajava a trabalho seguidamente, fazendo com que minha mãe tivesse que assumir nossa educação na maior parte do tempo e, talvez por esse motivo e com o intuito de nos manter sob controle dentro do que considerava certo ou errado, bom ou ruim, precisou ser mais rigorosa.

De qualquer forma, a minha percepção era que meu pai ficava mais nos bastidores, se apresentando quando precisávamos de um corretivo, e a minha mãe estava presente em todas as decisões. Penso que era assim por acreditarem nesse tipo de educação naquela época, com a figura do pai intocável, sem diálogo. Prova disso era quando pedíamos algo a nossa mãe e, para não dizer não, a resposta dela era "pede para seu pai", o que não prosseguíamos por medo.

Mais adiante, precisei recorrer à terapia para refazer minha relação com meu pai, o que se completou quando ele precisou de cuidados com a saúde e isso nos aproximou a ponto de eu descobrir um pai amoroso, divertido e que torcia pela nossa felicidade e bem-estar. Gostaria que todas as pessoas tivessem essa oportunidade bem mais cedo, sem precisar de um motivo como foi a doença dele para mim.

Eu estudei no grupo escolar do bairro onde morávamos e sempre fui uma aluna dedicada. Como esse grupo atendia apenas até o que se chamava na época a quinta série do primeiro grau, era necessário mudar de escola. Nesse grupo, com aproximadamente dez anos de idade, cursando entre a quarta e quinta série, conheci meu primeiro amor e fui correspondida, a ponto de trocarmos bilhetes, um beijinho exigido como prova de amor e uma correntinha que ele me deu de presente.

Os bilhetes de amor que escrevíamos eram com símbolos secretos que substituíam as letras do alfabeto, inventados por ele, a fim de evitar que alguém descobrisse o que estava escrito. Esses bilhetes eram levados e trazidos por uma colega de aula que, com o tempo, começou a decifrar os tais símbolos, porém sempre foi fiel a nós dois. Uma linda história da infância para guardar na memória, mesmo com o desfecho que teve.

Certo dia ele me deu de presente uma correntinha. Meus pais não podiam nem sonhar com isso, pois, da forma como foram educados, a visão de vida deles era fechada sobre o certo e errado e não diferenciavam uma vivência infantil de uma adulta. Além disso, eu era a primeira experiência deles e não dispunham de irmãos ou alguém próximo com uma mentalidade aberta; pelo contrário.

Eu não me recordo da forma que a correntinha chegou até mim; aliás, alguns fatos, como o desfecho com minha mãe, também não lembro, mas está bem claro na memória da minha irmã. Talvez meu cérebro tenha apagado como forma de proteção de um trauma vivido. Sempre convivemos com os primos, muito mais com duas primas, filhas de uma das irmãs da minha mãe. Uma delas contou para a minha mãe que eu havia ganhado a correntinha de um namorado.

Lembro que a correntinha acabou sendo dividida em pedaços e usada como anéis pela minha irmã e por essa prima, porém, somente nos dias atuais, durante uma conversa, minha irmã contou que minha mãe arrebentou a correntinha na minha frente, dizendo "Namoro aqui em casa é assim" e me proibiu de falar com ele.

Como escrevi anteriormente, eram os últimos anos de escola e cada um de nós seguiu para lugares diferentes. Mas, no último dia de aula, teve uma festa de despedida e lembro que ele chorava porque não íamos mais nos ver. Se esse fato aconteceu antes ou depois da correntinha, não sei precisar, mas me lembro de que, na adolescência, ele tentou se aproximar; eu já estava gostando de outro.

Depois de um tempo, nos vimos rapidamente e nos cumprimentamos no shopping; ele com o filho dele e eu com o meu filho. Atualmente, tenho consciência de que naquele momento do rompimento da correntinha e de um momento lindo e especial de minha vida de forma tão abrupta foi onde começou minha história com as perdas afetivas.

Eu tinha aproximadamente 14 anos quando me apaixonei por uma pessoa conhecida e amiga da família, mas não era o que a minha mãe queria para mim. Hoje entendo as razões dela, mas na época me sentia sem apoio e, pior, traída por ela que dava tanta força para uma vizinha mais velha do que eu, que também gostava dele. Eu me perguntava por que ela fazia tanta questão que ele a namorasse e não comigo? Como eu disse, hoje entendo, mas na época me sentia traída.

Para a minha mãe, aquilo era proteção; para mim, eu não era ouvida e não tinha apoio emocional. Afinal, eu sofria de verdade e não era amparada. Era como se eu gritasse e ninguém me ouvisse. Acredito que me mantive nessa situação por aproximadamente um ano, mas a regra em casa era que não namoraríamos antes dos 16 anos e eu não via a hora disso acontecer, porém, mesmo gostando, resolvi desistir dessa ideia, uma vez que ele continuava se encontrando com a vizinha e jurava para mim não ter nada mais com ela.

Esse sentimento seguiu comigo por muito tempo. Mesmo sendo jovem, tomei uma decisão importante. O sentimento era de autorrespeito e de preservação por considerar a fidelidade um valor que não abriria mão. Aos 16 anos, iniciei um namoro com um vizinho que era querido por todos, muito amigo, boa companhia.

Quando nos encontrávamos em grupo de amigos, eu o admirava, era mais velho, responsável, meus pais gostavam muito dele, e se mostrava uma pessoa que seria fiel. Eu gostava dele e tinha esperança de sentir amor com o tempo, mas o que não tinha aprendido ainda é que as coisas não aconteciam dessa forma. Nesse meio tempo, outra pessoa balançou meu coração. Nunca falamos nada um para o outro, mas quando conversávamos por motivos de trabalho, nossos olhares entregavam o que sentíamos.

Nessa época, meu namorado já trabalhava na mesma empresa. Quando eu pensava em acabar o namoro, sentia que seria um problema enorme, não por amá-lo, mas pelo carinho que sentia por ele e sua família. Além de ser um colega de trabalho. Apesar disso, decidi terminar, mas não antes de comunicar a decisão à minha mãe.

Convidei minha irmã para estar junto como forma de apoio. Ao comentar que terminaria o namoro, minha mãe foi totalmente contra, pois tinha meu namorado como um filho, era de uma família que ela considerava boa e muito querida por todos.

Sozinha, não teria coragem de arcar com minha decisão. Então, o jeito foi "engolir o choro" e dar seguimento ao namoro, evitando ver a outra pessoa para não sentir a dor de não poder nem tentar. Chorei escondida muitas vezes. Casamo-nos quando eu tinha 18 anos, em janeiro de 1987, e fomos morar no porão da casa de meus pais, cantinho que arrumamos com carinho, com móveis planejados, eletrodomésticos e enxoval que fomos comprando antes do casamento.

Tudo ia bem, porque eu estava decidida a fazer dar certo e, em 5 de agosto de 1988, com 20 anos recém-feitos, tivemos nosso filho. Meu sonho era o "felizes para sempre". Anos depois, comecei com acompanhamento psicológico na busca de fazer o casamento dar certo. A decisão pela terapia se deu pela dificuldade que tínhamos na comunicação e com desentendimentos. Eu estava infeliz e perdida quanto ao rumo a tomar para melhorar essa situação.

Nunca existiu violência física, mas a violência psicológica doía tanto quanto ou mais e me fazia estar sempre alerta, pois parecia que sempre fazia algo errado nos episódios em que ele se fechava e não falava comigo. Uma vez cortei meu cabelo mais curto e ele não falou comigo por um bom tempo. Quando fiz autoescola, comecei escondida dele porque era contra. Era assim também quanto ao fato de eu estudar.

Cada vez que eu seguia adiante contra a vontade dele, ficava dias sem falar comigo, e isso me desestabilizava. O apego dele pelo dinheiro impossibilitava passeios, jantares, viagens ou outros lazeres e diversões. Eu sentia medo e pensava estar fazendo tudo errado, sem entender o quê ou o porquê. Tentei levá-lo para terapia de casal; ele não quis.

Percebia que ele tinha questões emocionais a serem resolvidas e aquilo causava sofrimento a ele, a mim e, futuramente, ao nosso filho. Com a terapia, minha visão de vida foi se ampliando, e a dele se fechando cada vez mais. Quando meu filho estava com sete anos, por mais difícil que fosse tomar a decisão, a separação foi inevitável; aos meus 27 anos de idade.

Eu era insegura e não tinha apoio da família na minha decisão, porém, como trabalhava e tinha independência financeira, pude seguir com a minha resolução. Emocionalmente, foi uma batalha muito grande, com minha mãe tentando reverter, dizendo que o coração do meu pai não aguentaria, a ponto dessa situação se estender e eu cair de cama com uma tristeza profunda, sem ânimo para nada. E, aí sim, ela verbalizar que eu decidisse como queria, porque o desejo dela era me ver feliz.

Somente depois desse episódio, ele saiu de casa. Só então percebi que ele se casou com minha família e não comigo. Tive que lidar por um bom tempo com o sofrimento dos meus pais por considerarem-no como um filho. Até que um dia precisei dizer para a minha mãe que a filha era eu e que gostaria que olhassem para a minha infelicidade. Além disso, para a minha família, uma separação era uma vergonha, e a pressão vinha além do meu núcleo familiar, envolvendo tios com julgamentos acirrados, o que me deixava sem rede de apoio.

De tudo, minha maior dor foi em relação a meu filho, ao ver o olhar molhado dele quando conversei sobre a separação e vivenciar seu sofrimento nos dias que se seguiram. Lidar com o sentimento de culpa sempre é difícil, mas, quando envolve um filho, é muito pior. O que me fazia seguir adiante era olhar para trás e ter a certeza de que não queria mais aquela vida para mim, além da consciência que também seria melhor para meu filho em função do desgaste no relacionamento, da falta de carinho e das respostas ríspidas que já começavam a acontecer na frente dele.

Em 1995, aproximadamente um ano após a separação, comecei outro relacionamento com um colega de outra área da empresa. Entrei nesse relacionamento presa aos receios da relação anterior, porém aprendi com ele que era possível estar com alguém sendo respeitada nas minhas individualidades, tendo apoio profissional, nos estudos e suporte emocional. Com isso, fui aprendendo a fazer as minhas escolhas, sem sentimento de culpa ou medo. Ele me deu asas para voar e, apesar de sentir medo de voar, fui me apropriando dessas asas, me conhecendo, entendendo minhas vontades, quem eu era e o que queria para a minha vida.

Após cinco anos juntos, no ano 2000, ele foi diagnosticado com leucemia. Começando o tratamento em nossa cidade e, depois, em Curitiba, por se tratar de um centro especializado e de pesquisa da doença. O impacto da notícia desse diagnóstico me fez desabar, não imaginava que poderia ter a força que tive para enfrentar tudo que veio depois.

Foram um ano e nove meses de idas e vindas, vivendo dentro do hospital, revezando com a irmã dele, que foi a doadora da medula. Foi um tempo de incertezas, envolvendo contar com a possibilidade de perdê-lo, mas também de fazer planos após a cura da doença, além de precisar me ausentar do trabalho e de me afastar do meu filho diversas vezes para acompanhá-lo nas internações. Lidava com o medo de perder quem eu amava, do emprego que precisava para nosso sustento, com a saudade e a preocupação por não estar tão perto quanto eu queria do meu filho para acompanhá-lo em uma fase tão importante de seus dez a 12 anos. Porém, já tínhamos solidez na relação mãe e filho, e ele acabou sendo um menino forte, compreensivo e com um coração generoso, o que facilitou muito.

Era Natal. Após quase 100 dias de acompanhamento pós-transplante, os médicos o liberaram para voltar para casa e passar o Natal em família. Voltamos para nossa cidade, passamos o Natal e o Ano-Novo juntos. Em janeiro de 2002, o exame de acompanhamento deu alterado, tendo que retornar ao hospital. A doença voltou com toda a força, a imunidade diminuiu muito, e ele passou por uma pneumonia.

Recebemos a notícia de que não tinha mais o que fazer, era questão de horas ou dias, e mais uma vez o choque foi grande. Nesse momento, me senti incapaz e entendi que realmente a esperança é a última que morre, porque é difícil acreditar que essa pessoa que está ali, presente naquele momento, logo não estará mais. Ao mesmo tempo, tinha um sentimento de egoísmo por querer que ele continuasse comigo naquele estado de sofrimento.

Diante de tudo aquilo, só Deus, melhor conselheiro, para aquietar meu coração e me dar a direção. Aproximei-me da cama no hospital, conversei com ele, disse que foi um lutador, que eu o amava, mas que o estava liberando para ir, que não se apegasse a mim porque eu ficaria bem. Ele se apagou como uma vela, em 6 de março de 2002.

Foram tantos dias de apreensão, desgaste e sofrimento que, quando ele se foi, senti serenidade. Acredito que, em uma situação assim, a gente passa pelas dores do velório antes mesmo da morte, e ela é apenas o ponto final do sofrimento. Estávamos no hospital em outro estado, muito distante de casa, apenas com a irmã dele que nos acompanhava, seu pai, sua madrasta e as tias que moravam naquela cidade.

Quando ele faleceu, senti uma solidão imensa e precisava de um abraço da minha família, mas percebi que meu vínculo era apenas com ele. Ainda assim, a irmã dele e eu tivemos que providenciar todos os papéis madrugada adentro, inclusive de transporte do corpo, passagens aéreas para o pai e a madrasta, além de viajarmos 11 horas até nossa cidade no carro que transportava o corpo dele no caixão.

A diferença entre a separação e a perda por morte é que, nesta, o amor não acabou, e ter que lidar com a dor da perda e a saudade é algo inexplicável. Sentia falta da voz, do olhar, do toque, a ponto de valorizar até mesmo o toque do médico em uma consulta. Como se não bastasse, apesar de estar claro para a irmã dele e para mim qual era o desejo dele em relação aos bens materiais, ela e o pai tentaram ficar com tudo, como se eu não tivesse direito a nada, mesmo tendo sido eu quem estava com ele enquanto construíamos e adquiríamos o que ficou e que estive junto o tempo todo cuidando dele.

Em vida, ele divergia muito do pai por não concordar com sua ganância, então, essa situação só comprovava o perfil dele, mas não esperava que minha cunhada seguisse pelo mesmo caminho. Isso doeu muito e entendi por que senti aquela solidão no momento da morte; e sim, meu vínculo era somente com ele.

Foram quase oito anos até eu assumir um novo relacionamento, em 2009. Eu o conheci na igreja, por intermédio da minha irmã. Era viúvo, com um casal de filhos, uma simpatia de pessoa. Tivemos uma linda história juntos, de muitos desafios, mas com amor, respeito, cumplicidade, admiração e apoio um ao outro. Além de parceiro de vida, ele me acompanhava em atividades de trabalho e voluntariado, era querido por todos. Trabalhávamos juntos em alguns projetos, sendo um deles o de hospedagem na casa em que morávamos, e éramos uma dupla de excelentes anfitriões, em uma cidade vizinha à que eu morava e para a qual nos mudamos em 2016.

Tínhamos muitos sonhos de expansão do negócio e de viajar. Com ele, aprendi um amor maduro, sendo nós mesmos, com leveza, apoio mútuo, admiração, respeito, diálogo, companheirismo, círculo de amizades e carinho pelos filhos um do outro.

Coincidentemente, o ano em que completávamos dez anos de relacionamento, 2019, foi de muitas realizações, com viagens e nosso casamento no religioso. Fizemos viagens pelo Brasil e exterior e cruzeiros que sempre sonhávamos juntos em fazer. Nossa festa de casamento foi linda, na primavera de setembro desse mesmo ano, com poucas pessoas, mas era o que conseguíamos fazer naquele momento. Decidimos que nos casaríamos naquele ano em função de acharmos que era o momento certo e, também, por episódios de problemas de saúde do meu pai. Gostaríamos que nossos pais, todos em vida, estivessem nas nossas fotos.

Mas a vida, como eu disse no início, não se apresenta em forma de uma linha reta e é cheia de surpresas que nem sempre são boas. Em 18 de fevereiro de 2020, uma terça-feira, ele sentiu dor na garganta e, à noite, estava com febre. Fomos ao médico que o avaliou e receitou a medicação injetável que foi aplicada na quarta-feira pela manhã no posto de saúde próximo de nossa casa. Ele deveria estar bem até sexta-feira, no entanto, não percebíamos uma melhora efetiva e decidimos ir até o plantão do hospital porque também constatamos que a temperatura e a pressão dele estavam baixas.

Assim que chegamos ao hospital, eles verificaram seus sinais na triagem e o encaminharam imediatamente para atendimento. Foi tudo muito rápido entre a chegada e a decisão por interná-lo no centro de terapia intensiva porque não respondia às medicações. Os médicos investigavam e não encontravam a causa. No corredor daquele hospital, eu tinha a certeza de que aquilo não ia acontecer comigo novamente. Perguntei à médica se tinha possibilidade de ser leucemia; nada era descartado.

Por que isso estava acontecendo comigo novamente? Eu não conseguia acreditar. Por que aquilo estava acontecendo com ele no melhor momento de sua vida, conforme afirmou diversas vezes devido ao ano maravilhoso que tivemos? Naquele dia estive com ele, já estava com oxigênio, pediu que eu não ficasse ali muito tempo, senti que estava querendo me proteger, perguntei se queria que eu fizesse uma oração; oramos.

Ele quis me orientar algo para eu fazer em casa, pedi que evitasse falar e que ficasse tranquilo que eu cuidaria de tudo, disse que o amava, dei-lhe um beijo e disse que retornaria na manhã seguinte. Eram seis horas da manhã quando o telefone tocou e era do hospital informando que ele teve falência múltipla dos órgãos durante a madrugada, solicitando que eu informasse toda a família. Que dor terrível!

Fomos para o hospital e, de novo, apesar de todos os sinais que não teria mais volta, a esperança estava ali, presente, dizendo ao meu coração que aquilo não estava acontecendo e, ao mesmo tempo, lidando com os fatos, dando informações à família e aos amigos presentes e por telefone, orientando o filho dele que estava em outra cidade a vir com urgência.

Perdemo-no às 11h35 daquele sábado, 22 de fevereiro de 2020. A irmã dele e eu entramos para vê-lo. Era inacreditável! Chorava e falava que viemos apenas para uma consulta. Como chegamos a isso? Por muito tempo, parecia mentira. O noivo das fotos daquele lindo casamento de quase cinco meses atrás agora seria apenas lembrança.

Quanto à causa de sua morte, tivemos acesso ao diagnóstico apenas algumas semanas após. Fomos buscar o resultado devido a especulações de pessoas que espalham boatos, sem noção nem cuidado algum com o sofrimento dos familiares, senão ainda esperaríamos um tempo porque, emocionalmente, estava muito difícil saber o que constava naqueles exames que não o trariam de volta.

Como a pandemia se instalou no dia 15 de março no país, nem um mês após a sua morte, os comentários eram de que ele teria morrido devido à covid-19. Os exames indicaram a superbactéria, resumindo, infecção hospitalar relacionada a uma cirurgia de varizes que ele precisou fazer um mês antes, em 22 de janeiro.

O pior foi lidar com os "se" – *se teríamos como evitar, se ele não tivesse feito a cirurgia naquele momento, se pudéssemos voltar atrás para fazer algo a respeito.* A pandemia trouxe o isolamento e a falta de abraço e de contato com as pessoas, e eu tive que lidar com o luto quase sozinha. Porém, ao mesmo tempo, precisava me esconder do mundo. Foi tudo muito confuso e difícil, mas não tinha outro jeito senão me deparar com o turbilhão de sentimentos e pensamentos dentro de mim, além de me preocupar com meus enteados, que agora estavam órfãos de mãe e pai, e com todos que eu amava estarem expostos à covid-19 e à possibilidade de mais alguma perda.

Dessa vez, senti minha vida zerar. O choque foi tão grande que não via mais sentido em trabalhar, fazer planos e ter sonhos. Entendi como o limite entre a vida e a morte é tênue, e a sensação é que isso poderia acontecer comigo a qualquer momento. Então, por que agir? Por meses, eu dormi muito. Busquei alguns recursos para dar foco e ocupar minha mente, fazendo tricô e crochê enquanto assistia a séries na TV.

Aprendi o crochê assistindo a vídeos on-line, produzi várias peças e presenteei muitas pessoas com minhas produções. Cada peça tinha dedicação e afeto, e cada ponto era acompanhado de pensamentos, emoções e decisões. Eu transformava a dor em amor pelo que fazia e, principalmente, pela pessoa que recebia com felicidade. O que também ajudou a mim e ao meu enteado, que veio morar comigo devido à pandemia, foi receber os hóspedes que, com o tempo, retornavam aos poucos.

Essa perda faz parte da nossa história na casa em que vivíamos e hospedávamos, e não tinha como não falar dela, afinal a presença dele estava no projeto da casa, nos materiais, nos detalhes que foram pensados por ele. Essas conversas nos auxiliaram a esvaziar aos poucos a dor enorme que sentíamos.

Meu foco aqui é tratar das perdas por separação ou por morte de companheiros de vida, mas vale registrar que, em

2011, perdi meu irmão, ele tinha apenas 32 anos e uma filha de seis anos. Eu sofri pela perda dele e, também, por ver a dor dos meus pais, principalmente pela dor da minha mãe. Eu imaginava que a tristeza profunda dela nunca passaria. Sei, por experiência, que a dor da perda e a saudade nunca acabam, mas conseguimos elaborá-las a ponto de poder falar das memórias, dos momentos bons e ter essa pessoa presente em nosso coração de outra forma, mas me sentia impotente perante a dor da minha mãe.

Certa vez, na sessão de terapia, falei para a minha psicóloga que tinha medo de entrar em depressão, afinal, conhecia pessoas que não passaram pelas perdas que passei e estavam depressivas. Eu nunca precisei tomar medicação em função de situações emocionais. Aí entendi o valor do autoconhecimento e de lançar mão de recursos disponíveis para benefício próprio.

Minha busca pelo autoconhecimento foi constante, aprendendo a questionar-me em cada situação sobre qual seria a melhor decisão a ser tomada, como me sentia em relação a essa situação e até que ponto poderia suportar algo que não estava adequado para mim.

Aprendi a respeitar meus sentimentos e o tempo que eu precisava para elaborar cada situação. Certa vez, uma amiga me disse que me admirava por tantas mudanças que fiz na vida e que ela não tinha conseguido fazer, pelo menos, uma que gostaria. Respondi que a vida me deu material para essas mudanças. Porém, penso que é importante não esperar por fatos impactantes ou por superar o limite do suportável para tomarmos decisões sobre aquilo que não está bom em nossas vidas. Uma dessas decisões foi mudar de cidade, indo para um lugar que me proporcionasse melhor qualidade de vida, o que realizei em janeiro de 2023.

Nessa busca constante pelo autoconhecimento, já morando em outra cidade, conheci terapias sobre o sistema familiar e quis aprofundar-me no porquê dessas perdas amorosas. Identifiquei que tinha situações do passado que precisava perdoar. Eu não sabia o que era, mas fui fazendo o exercício que me orientaram a fazer. Enquanto eu ia conhecendo o processo do sistema familiar, recebi uma mensagem em minha rede social daquele que foi meu primeiro amor na infância, aos dez anos de idade, que estudávamos juntos e que, na quarta ou quinta série, trocávamos bilhetes com símbolos que substituíam as letras do alfabeto e que me deu a correntinha que foi arrebentada pela minha mãe quando descobriu, conforme descrevi no início da história.

Ele fez contato em função de uma foto que postei em um lugar que, coincidentemente, ele também tinha estado pouco tempo antes. Contou-me a respeito de suas férias nesse mesmo local, falamos um pouco sobre nossas vidas no momento, afinal não tínhamos mais contato há, aproximadamente, 45 anos, e acabamos falando também sobre aquele tempo de criança, rimos a respeito do que vivenciamos e ficou por isso.

Eu o tinha e seus irmãos, assim como outros vizinhos de bairro e colegas de aula daquela época, nas redes sociais, mas nunca havia visualizado publicações dele nem ao menos foto de perfil ele tinha, mas como faço postagens seguidamente, ele tinha acesso às minhas informações. Meses depois, no Dia das Mães, ele fez contato comigo novamente, me felicitou e perguntou se eu estava na cidade, se estava namorando e me convidou para um café. Relutei, mas nos dias que se seguiram retornei, e marcamos um encontro para conversarmos sobre essa linda história. Pensava numa conversa divertida e curiosa, porém o que aconteceu foi um sentimento de voltar para casa, de me sentir no lugar certo, no aconchego e segurança de um amor verdadeiro e puro. Algo difícil de descrever ou de ser entendido por quem não viveu.

Atualmente, estamos no nosso oitavo mês de namoro e funcionamos muito bem juntos, prezamos pelos mesmos valores, somos bons filhos, bons pais e bons irmãos, temos alegria de viver e energia para isso, fazemos rir um ao outro e somos muito parceiros e companheiros.

Quanto a minha mãe, sinto que gostou do namoro, pois, quando contei a ela, falou que é muito bom quando um amor do passado retorna. Pedi a ela sua bênção, e ela nos abençoou. Compreendi que o perdão do passado tinha a ver com o trauma desse rompimento, pela forma como aconteceu e, também, com as outras interferências dela na minha vida afetiva, com o intuito de me proteger. Como mãe, ela estava certa, mas a forma que encontrava de fazer isso é que machucava, quando apoiou a vizinha na minha frente a namorar quem ela sabia que eu gostava, quando não me deu suporte e proibiu o rompimento de um namoro mesmo sabendo que não o amava.

Com o retorno desse que foi meu primeiro amor, ela e eu tivemos a oportunidade de conversar de mulher para mulher, e ela pôde falar sobre acontecimentos que eram desconhecidos para mim, que ocorriam nos bastidores, envolvendo julgamentos de sua irmã mais velha. Eu também pude externalizar como foi para mim aquele momento e comentar um pouco sobre outros momentos difíceis que passei, mas não quis falar muito porque meu objetivo não era que ela se sentisse culpada. Ela quis saber se ele sabia que ela tinha arrebentado a correntinha, e falei que ele só soube agora, afinal, ela tinha me proibido de falar com ele.

Entendo que ela fez o que era possível naquela época, buscando dar-me uma boa educação, mas ela mesma considera o quanto foi inculta na época. Hoje, minha mãe tem um pensamento tão diferente que não imaginaria mais ela agindo daquela forma.

Como se deu o encontro deles? Foi no dia do meu aniversário, em julho de 2023. Viajamos juntos até a casa dela, e ele me disse no carro que não falaria nada sobre a correntinha, somente na saída, caso se sentisse à vontade. Porém, ele ainda não tinha saído do carro, e ela já foi dizendo "eu não vou mais arrebentar a correntinha"; foi o jeito que ela pediu perdão. Muito lindo! Ele riu, e sentiram-se à vontade um com o outro. Sinto dele amor pela minha família, e isso aquece meu coração.

Quanto a mim, o retorno dessa pessoa em minha vida reforçou o quanto tenho me sentido inteira e dona de mim. Pela primeira vez na vida, aos 55 anos de idade, estou tão segura disso que a escolha é única e exclusivamente minha e dele, mesmo algumas pessoas tendo opiniões diferentes.

Lembrando que minha família está enlutada e que o início do meu relacionamento mexeu com dores que pareciam curadas para algumas pessoas e isso vem à tona em forma de posicionamentos contrários a esse relacionamento, em formato de proteção por parte da minha irmã e, um pouco, do meu filho também. Enfim, sinto como novas formas de tentarem, inconscientemente, decidir por mim, porém estou feliz, estou bem, em paz, certa do que sinto e faço, pedindo a Deus que conduza nossas vidas com serenidade, afinal o sol sempre volta a brilhar depois das tempestades.

ANÁLISE DO CASO 4 – ÁGATHA

Nesta análise, é possível identificar, na narrativa da história de Ágatha, seguidamente à palavra "medo" e a frase "sentimento de fazer tudo errado", desapontando sua mãe e familiares, demonstrando uma busca inconsciente e constante pela aprovação de sua mãe, mesmo já em sua fase adulta e casada pela primeira vez. O medo da não aprovação por suas escolhas impactou significativamente um longo período em sua vida.

Somente inicia o rompimento de suas correntes emocionais quando começa, por meio de terapia, a busca por autoconhecimento, porém nem sempre é necessário ir por esse caminho. No caso 1, Leonardo conseguiu, pela religiosidade e por conversas com sua esposa Cristiane, o que não deixa, de certa forma, de ser uma forma de "terapia".

Outro ponto a ser observado é que Ágatha, mesmo buscando ajuda profissional e já decidida a se separar aos 27 anos de idade, segundo seu relato "a ponto dessa situação se estender, eu cair de cama com uma tristeza profunda, sem ânimo para nada. E, aí sim, ela verbalizar que eu decidisse como eu queria, porque o desejo dela era me ver feliz". Pelo fato de sua mãe ainda não ter aprovado o divórcio, ela entra em depressão, perdendo até mesmo a vontade de viver. Somente quando sua mãe aprovou a separação ela conseguiu se separar de fato.

A maioria de nós desconhece o quanto uma mãe ou um pai pode, muitas vezes de forma inconsciente, causar um mal enorme na vida de um filho. Manipular para que as coisas aconteçam na vida dos filhos sob a vontade e os desejos apoiados por suas crenças, medos, traumas, os quais também foram repassados pelos seus pais/responsáveis. Todavia, nosso papel é aprender a identificar isso e se posicionar a ponto de não mais permitirmos sermos manipulados por qualquer pessoa, seja ela conhecida ou não. O que me refiro aqui é sob uma ótica de romper um ciclo de geração para geração de traumas e crenças que são repassados até nós.

Ágatha é a filha mais velha de outros três irmãos. Os filhos mais velhos adquirem mais lesões, pois no primeiro filho o casal é mais novo, inexperiente, regado de medos, inseguranças e incertezas sobre a vida que está por vir. O que precisamos entender é que nossos pais nos deram tudo o que conseguiram dar com amor e na intenção de uma boa educação.

É preciso considerar que ela também teve um modelo educativo mais rígido, com base em castigos e repreensões, e que, algumas vezes, apanhava. Como sua mãe estava muito mais presente em sua educação pelo fato de seu pai viajar, a pessoa da qual ela precisava de aprovação era sua mãe, que foi sua referência de educação. Perceba que, durante a narrativa, ela necessita da aprovação da mãe para dar o próximo passo em relação às suas escolhas. Certamente, o modelo em que ela foi criada gerou lesões de medos e insegurança que acabaram por interferir em suas escolhas.

Em muitas pessoas que atendi em mentorias ou em meus treinamentos, observei lesões semelhantes, igualmente às minhas, também provindas desse mesmo modelo educativo de Ágatha. Pessoas que foram educadas dessa forma apresentam muitos medos, falta de confiança em si, inseguranças, preocupação extrema em relação ao que os outros falarão sobre seu comportamento e constante medo de errar. Esses sentimentos são os grandes vilões, são correntes que impedem nosso avanço no que se refere ao desenvolvimento das nossas *soft skills*, ou seja, nossas habilidades comportamentais.

Voltando à narrativa desse caso, observamos que, além dos traumas de seu modelo educativo, também houve outros, como aquele em que sua mãe quebra a correntinha e a transforma em anel; outro, no qual sua mãe preferia o namorado para a vizinha e não para ela; e o de engolir um casamento que não desejava. Percebemos, assim, que a falta de posicionamento frente a sua vida e escolhas estaria sempre vinculado à opinião de outras pessoas. Seus "medos" eram tantos que sempre acabava optando pelo silêncio e ausência de posicionamento. Um emprego seguro que não lhe ofereceria medos e inseguranças e estabilidade era o que precisava para neutralizar seus medos.

É normal sentirmos medos, insegurança, raivas e mágoas. O que não é normal e que não devemos permitir é que esses sentimentos sejam maiores que a nossa coragem, que nos manipulem nos levando para outros caminhos, em que mora a escassez em todos os sentidos, financeira, saúde, tristeza, apatia, procrastinação, ausência de fé, entre outras.

A carência de autoconhecimento, de observar-se e respeitar o que desejava levou Ágatha a viver uma vida anulada por um grande período. Quero ressaltar que, em seu primeiro casamento, seu companheiro também devia, pelo seu comportamento inseguro e egoísta, ter lesões profundas adquiridas em seu modelo educativo. Entretanto, se Ágatha tivesse iniciado sua busca por autoconhecimento antes de se casar, não casaria com seu primeiro marido, se respeitaria, mesmo sendo difícil, despenderia de coragem para enfrentar o que fosse necessário para resolver tal situação. Identificaria sinais de que ele não seria o companheiro de vida almejado.

A busca pelo autoconhecimento oportuniza uma leitura minuciosa e detalhada das situações indesejadas que vivenciamos, assim nos protegendo de entrar em relacionamentos (pessoais e profissionais) com maior probabilidade de fracasso. Todavia, nesse caso, devido à ausência dele e da pouca maturidade emocional na época, permitiu que o medo (a lesão) gerada em seu modelo educativo assumisse o comando da sua tomada de decisão, influenciando no rumo de sua vida.

Ágatha conseguiu, depois de um tempo separada e continuamente buscando conhecer a si própria, encontrar uma nova pessoa para se relacionar e, graças à sua caminhada olhando para dentro de si, dessa vez fez uma escolha de relacionamento diferente e se permitiu começar a viver seu sonho, que seria um relacionamento saudável pelo qual buscava desde novinha. Dessa vez mais madura emocionalmente, conseguiu desfrutar das alegrias e superar os desafios que um casamento traz. Nesse momento já não mais permitia a tamanha autoridade mental que sua mãe fazia sobre sua vida.

É importante entender aqui que, quando desenvolvemos a habilidade de autopercepção e observação sobre nós mesmos e o meio em que vivemos, conseguimos enxergar e analisar tudo e todos com mais clareza e discernimento. Nosso olhar se torna mais atento e criterioso, nos permitindo errar menos em nossas escolhas, não somente em relacionamentos, mas também em nossa tomada de decisões profissionais. Tais habilidades ampliam nossa capacidade de interpretação.

Perceba que, conforme ela vai potencializando tais habilidades no autoconhecimento, suas interpretações perante a vida e escolhas vão ficando mais assertivas. Mesmo muito nova, ainda passando pelo trauma de uma separação e, depois de alguns anos, vivenciando seu primeiro luto, a perda da pessoa que ela acreditara ficarem juntos até sua velhice, despendeu de uma maturidade emocional gigante para enfrentar tal situação. Ainda teve que lidar com pessoas interesseiras por bens materiais, que nem sequer respeitaram suas dores de luto. Conseguiu se reerguer, sempre apoiada em sua fé e ajuda profissional, o que acredito ter sido fundamental em sua difícil trajetória.

Casou-se novamente depois de dez anos, entrando em um relacionamento mais maduro e saudável. Juntos, foram melhorando a vida financeira e, por se conhecerem na igreja, também tiveram uma caminhada espiritualmente unidos, o que na minha opinião contribuiu para um relacionamento mais fortalecido.

Ele já era viúvo, assim como ela. Entretanto, como a vida é cheia de incertezas e desafios, tantas vezes doloridos, após muitas alegrias, acabou passando por outro luto, dessa vez com o terceiro companheiro. Quantos de nós suportaríamos tamanha provação? É difícil dizer, mas asseguro que temos uma força interior que desconhecemos e, por isso, reforço, no que se refere ao desenvolvimento das habilidades de autopercepção e observação, para que tais habilidades nos auxiliem em explorar nosso potencial ainda desconhecido de nós mesmos. Identificar o que está nos limitando em avançar é crucial para vivenciar uma vida mais plena em todos os sentidos.

Sentimento de culpa, busca por aceitação, medo, incerteza e insegurança fazem parte da nossa rotina. Entretanto, quando conseguimos identificar esse tsunami de emoções, tornando tudo isso consciente, nos libertamos das correntes emocionais que nos aprisionam. É preciso **PARAR** de aceitar que nossos medos comandem o lindo espetáculo que poderia ser a nossa vida se nos propormos a uma transformação interior de nossos pensamentos e comportamentos.

Ágatha suportou seus desafios, enfrentou seus medos, aprendeu a perdoar constantemente e a aceitar as dores que passou, curou muitas de suas lesões, tanto nas terapias quanto nos processos desafiadores de sua vida, mudou-se de cidade, buscou novos ares, se abriu para novas possibilidades, interiorizou-se ainda mais em busca de autoconhecimento. Como recompensa pela sua resiliência, amor e fé em seu coração, reencontrou seu primeiro amor, aquele da correntinha que sua mãe havia quebrado. E conseguiu permitir-se viver e sentir o brilho do sol que a vida traz, sempre depois das grandes tempestades enfrentadas em nossa jornada.

Dessa vez chega de aprovação de sua mãe e familiares, ela está madura emocionalmente o suficiente para levá-lo para conhecer sua mãe depois que já decidiu sozinha o que quer para sua vida. Contudo, honrando sua mãe com amor e compaixão e pela educação que recebeu, pede a bênção dela e é recebida com um sorriso fraternal e de acolhimento junto com um pedido de desculpa para seu companheiro devido as suas atitudes no passado. Nesse momento, asseguro aqui que muitas lesões foram curadas definitivamente.

Observo que as pessoas que passaram por grandes dificuldades e traumas desenvolvem uma mentalidade mais forte diante dos desafios inesperados da vida. Reforço, ainda, o quanto desenvolver as habilidades que tanto descrevo nos ajuda a alcançar uma mentalidade mais forte e que não se entrega independentemente do grau de dificuldade e sofrimento que é preciso passar. Saliento que, mesmo diante da dor, Ágatha nunca se revoltou contra Deus, aceitou viver suas dores quando precisava viver, saindo delas quando precisava sair.

Tudo isso é alcançado quando nos propomos a nos conhecer, saindo do papel de vítima, eliminando de vez o que atrapalha a nossa vida e resolvendo buscar pela melhor versão de nós mesmos. Com certeza, todo esforço tem sua recompensa, fazendo sentido no final da nossa caminhada.

CASO 5

Nome: Antonela

Idade: 36 anos

Atuação profissional: Odontologia/Harmonização facial

CORAGEM, CONFIANÇA E FÉ AJUDAM A ALCANÇAR SONHOS

Eu nasci em uma cidade do interior do Rio Grande do Sul, no ano de 1987. Atualmente, tenho 36 anos e um irmão mais novo. Por volta dos 13 anos de idade, lembro-me bem de quando o conto de fadas que eu vivia começou a desabar, foi quando percebi que meus pais não eram pessoas perfeitas. Comecei a perceber o quanto meu pai ficava ausente de casa, chegava tarde à noite e, por muitos anos, isso seguia acontecendo de forma rotineira.

Quando estava com 16 anos, meu pai nos chamou (minha mãe, meu irmão e eu) para sentarmos na sala para uma conversa. Nunca me esquecerei desse momento. Era uma noite de inverno, que ficou muito fria após a notícia que ele nos trouxe. Sentados ali todos juntos na sala naquela noite, ele revelou o motivo de suas ausências noturnas. Havia se envolvido com uma mulher que tinha engravidado dele, e essa filha fora do casamento já teria na época um ano de idade.

Foi um momento muito difícil para nossa família, choramos muito naquela noite, mas, como era meu pai, queria perdoá-lo. Naquele momento até pensei que não seria difícil, mas não foi o que aconteceu. Ver minha mãe destruída emocionalmente me abalou muito, e ter que aceitar uma irmã foi muito difícil. Meus pais discutiam muito naquela época, foram muitas idas e vindas, anos de tristeza e raiva que sentia por ele ter feito isso com nossa família e, em especial, com minha mãe. Foi muito forte.

Apesar da tristeza, ela seguia com o coração voltado para Deus, orava e pedia a Ele que mudasse aquela história, inclusive deu amor àquela pequena criança que nada tinha a ver com tudo aquilo. Meus pais tentavam reatar o casamento, por isso minha mãe cuidava da criança algumas vezes (minha irmã fora do casamento). Para mim, foi um processo doloroso, muitas vezes não aceitava que aquilo tivesse acontecido com nossa família, não aceitava muito bem essa menina, que, na época, na minha opinião, era uma criança com a qual era muito difícil de conviver.

Por vezes, conversava com minha mãe sobre tudo, tentava administrar a dor dela e a minha. Eu não consigo lembrar exatamente o que conversávamos, mas sei que muitas vezes estive ali ao lado dela, me sentindo mal por vê-la triste. Na época, eu a achava submissa, pensava que meu pai podia fazer o que queria e como queria, que ela não se posicionava. Aconselhava-a a se separar de vez dele, mas lembro também que ela falava que queria ver o que Deus faria com tudo aquilo e que orava por meu pai declarando coisas boas sobre a vida dele.

Os anos foram passando e vi uma transformação acontecer. Por volta dos 20 anos, mesmo não acreditando muito que Deus poderia fazer alguma coisa, Ele usou minha mãe para salvar nossa família. Meu pai teve uma mudança de mentalidade e decidiu ser um homem diferente.

Ele tinha por volta de 40 anos e, entre momentos de estresse, os dois estavam tentando se reencontrar. A persistência em oração foi transformando a vida dela primeiro. Ela quis ser uma mulher diferente, e essa mudança de atitude dela também fez com que meu pai mudasse. Ela teve uma mudança de mentalidade e se posicionou em relação ao casamento que queria ter. Meu pai, vendo isso e percebendo que estava perdendo a mulher e a família, também teve uma mudança de mentalidade e comportamento.

Passaram a frequentar um grupo chamado "Casados para sempre", que fez com que enxergassem o que é de verdade um casamento. Aos poucos, Deus foi transformando a vida de cada um, mas foi pela decisão deles de querer reconstruir a família que Deus pôde fazer essa transformação.

Essa história teve um final feliz. Nossa família permaneceu unida e minha irmã foi aceita por nós; passamos a conviver juntos e a aceitá-la em nossa família. Essa decisão nos transformou, não foi fácil, mas hoje vemos o quanto somos felizes por tê-la conosco.

Mas algumas marcas ficaram em mim. Por muitos anos carregava uma dor por ter vivido tudo aquilo. Sentia raiva e, por volta dos 21 anos, senti que, se eu continuasse daquele jeito, seria uma vida muito sofrida. Então, percebi que já não podia mais carregar aquela raiva da minha irmã e que era preciso aceitá-la e perdoar meu pai. No momento que decidi isso, foi um alívio, mas não foi fácil perdoá-lo.

Mesmo passando pelo processo de perdão, quando vivemos esse tipo de sentimento, no inconsciente, muita raiva, medo e insegurança ficam gravados. Na época, não percebia, mas isso afetava meus relacionamentos.

Eu sempre fui estudiosa e muito sonhadora. Desde nova pensava em ter meu dinheiro e independência, entrei para a faculdade de odontologia, na qual me formei em 2011. Comecei a trabalhar em dois consultórios particulares, um pela manhã e outro, à tarde. Fazia clínica geral e morava com meus pais. Começar a ganhar meu próprio dinheiro naquela época foi algo que me deu muita satisfação pessoal e, como ainda morava com eles, comecei a guardar meus rendimentos.

Ainda nessa época, terminei um namoro que durou mais ou menos seis anos. Durante todo o período da faculdade, estive envolvida com ele. Conheci Gabriel um pouquinho antes de entrar na faculdade e começamos a namorar. Esse início de namoro foi um conto de fadas. Nós tínhamos um relacionamento muito legal, ele era uma boa pessoa e nos dávamos muito bem.

Durante os três primeiros anos de namoro, não tivemos problemas, mas, depois desse período, algumas lesões emocionais que carregava vieram à tona e comecei a perder o interesse nele. Tive muitas atitudes que não condiziam com meus valores, e aquilo me feria. Começamos a nos afastar, terminamos e voltamos por algumas vezes, encerrando o relacionamento definitivamente no final do ano de 2011.

No ano seguinte, em 2012, iniciei outro relacionamento de três meses, no qual sofri muito após o término, muitos mais do que no namoro com Gabriel, que havia durado tantos anos. Acredito que meus traumas com meu pai vieram a se manifestar após esse término, porque demorei muitos meses para me recuperar. Depois disso, entrei em ciclos de relacionamentos que duravam apenas três meses, o que me deixava muito mal e com pensamentos negativos que começaram a me rondar sempre que entrava em um novo relacionamento.

Porém, depois de passar por esse sofrimento, percebi que precisava cuidar de mim; dar um novo sentido para minha vida. Eu sempre fui uma menina alegre, mas por dentro guardava raiva, vitimizava-me e me depreciava. Comecei, então, uma busca por autoconhecimento. Passei a ler muitos livros e a entender quem era Deus e por que ele tinha deixado acontecer tudo aquilo comigo. Eu fui criada na igreja evangélica desde pequena e não entendia por que tive que viver aquele horror na adolescência e não conseguia mais ter um relacionamento feliz. Em meu íntimo, me questionava seguidamente. Se Deus era bom, por que deixou isso acontecer com nossa família? Junto a isso, também me questionava por que minha vida não refletia meus sonhos.

Foi então que, em 2014, ao finalizar uma especialização, comecei a perceber que não estava feliz nem com a minha escolha profissional, nem com a minha cidade, e que estava sem perspectiva de um novo relacionamento. Nesse momento, despertou em mim um forte desejo de sair da cidade em que morava com meus pais, mas me faltava coragem, era como se eu estivesse engessada naquela situação, tinha vontade de morar em outro lugar, queria ir para longe, mas não podia. Naquele momento, parecia que nada mais me fazia feliz.

Então, por volta dos 26 anos, entrei para a ioga, e essa foi a primeira ferramenta para meu autoconhecimento. Junto à leitura de livros, comecei a abrir minha mente e a pensar mais em mim e em como poderia viver uma vida diferente. O final daquele ano se aproximava, então eu e minha amiga já estávamos planejando o que faríamos – nos últimos anos estávamos muito próximas, e nossa amizade se fortalecia a cada dia.

Escolhendo nosso destino, conversei com minha professora de ioga porque ela estava indo morar no Havaí. Então, surgiu a ideia de passar nossas férias lá. Nossa primeira viagem para fora do país foi para aquele paraíso. Passamos 20 dias que não pareciam férias, mas que estávamos morando naquele lugar.

Essa experiência foi uma conexão mais profunda comigo mesma. Aquela viagem me incentivou a ter coragem para viver os sonhos que guardava em meu coração. Desde novinha, queria muito conhecer outros lugares do mundo.

Com muitos questionamentos sobre a vida, sobre o que queria, fiquei um ano planejando e vendo como faria para realizar tal sonho. Foi então que tomei a decisão. Apegada a uma forte coragem que tomava meu ser, conversei com meus pais sobre minha decisão. A minha opção era o Havaí, pois lá eu tinha a minha amiga morando, e ela poderia me ajudar. Um ano depois daquela primeira viagem de férias, eu estava embarcando para uma experiência que transformou minha vida. Larguei tudo na cidade em que morava e fui para o Havaí, trocando minha profissão de dentista e meus confortos para trabalhar em um *food truck* em uma das praias de lá.

Foram nove meses que vivi uma vida totalmente diferente da que estava acostumada, o que me possibilitou enxergar de outra forma. Vi que a vida era muito mais do que imaginava e que poderia mudar. Se eu desejasse viver outras experiências, muitas coisas poderiam se tornar reais. Passei por mais um processo de autoconhecimento. Foram momentos incríveis junto à natureza e trabalhando em empregos que jamais imaginei.

Depois desses nove meses lá, mudei e segui minha aventura indo morar na Austrália, agora já com vinte e oito anos, por volta do ano de 2016. Lá, minha vida mudou novamente, nessa época já estava à procura do meu lado profissional, sabia que queria trabalhar com algo que transformasse a vida das pessoas.

Na Austrália, encontrei um consultório dos sonhos para trabalhar. Na entrevista de emprego, persisti para conseguir a vaga. Era algo que jamais imaginei que conseguiria, trabalhar em um consultório em outro país. Mais um sonho se realizando. Essa experiência fez com que me descobrisse profissionalmente. Fiquei seis meses naquele lugar e aprendi muito, mas a distância da família mexeu muito comigo. Aos 30 anos, decidi voltar para o Brasil e me encontrar novamente, mas agora com maior clareza e discernimento sobre a carreira profissional que trilharia.

Ao retornar, tomei outra decisão, a de que não voltaria a morar em minha cidade natal. Então, escolhi a cidade de Florianópolis para reconstruir a minha vida. Com muita força e determinação, consegui conquistar meu sonho de trabalhar com algo que movesse meu coração e, durante cinco anos, me dediquei totalmente a esse projeto profissional.

Sobre relacionamentos, aqueles traumas do passado continuaram me atormentando. Conquistei meus sonhos profissionais, mas o sonho de casar foi ficando para trás. Acredito que, por carregar essas lesões emocionais inconscientes, me relacionava e tentava namorar, mas nada ia para frente, tive apenas relacionamentos curtos durante esses anos. Por algum tempo, passei a acreditar que o sonho de casar não aconteceria e comecei a me perguntar por que esse sonho não conseguia realizar.

Devido ao fato de ainda não conseguir me relacionar e criar vínculos afetuosos com algum parceiro, aos 35 anos, olhei de forma mais profunda para minhas lesões emocionais, em busca de curas e me trabalhar ainda mais emocionalmente, avançar no meu amadurecimento para conquistar uma boa escolha de relacionamento, ser a própria pessoa que desejo ter na minha vida. Busquei ajuda profissional e, o mais importante, voltei novamente meu olhar para Deus.

Atualmente, após um ano, vejo o quanto mudei e amadureci como mulher. Hoje, acredito que terei um casamento e uma família e que, por estar diferente, posso encontrar a pessoa que desejo. E com relação à minha vida profissional e financeira, a cada dia ela vem alavancando mais e mais.

ANÁLISE DO CASO 5 – ANTONELA

No caso relatado, é possível observar o quanto a lesão de Antonela a impedia de dar o passo para sair de sua cidade em busca de seu sonho. Suas inseguranças e seus medos estavam atrelados em deixar sua mãe sozinha diante da dor que vivia na época. Uma atitude como a que seu pai teve, que havia gerado tamanha instabilidade na estrutura emocional familiar, faz com que haja um atraso no desenvolvimento da maturidade emocional natural que deveria ocorrer nos filhos, se o ambiente fosse saudável e estruturado.

Dessa forma, destaco que não é somente um ambiente hostil e agressivo que nos causa lesões emocionais. Um ambiente com dor, mentiras, traições e sofrimento gera muita insegurança, medo e instabilidade emocional, retardando o amadurecimento de nossas emoções e, como consequência, refletindo em nossa fase adulta de forma muito significativa, influenciando nossas escolhas e criando circunstâncias conflituosas. Gera, ainda, ausência de coragem, nos levando a vivermos uma vida que não queríamos por anos, trazendo tristeza, amargura e conflitos mentais. Dessa forma, acabamos nos tornando uma péssima companhia para nós mesmos e para outras pessoas.

Observe que, conforme o trauma de Antonela assume o comando de suas escolhas, começa a ter atitudes com seu namorado Gabriel que não queria, machucando a ele e a si própria, agindo contra os valores e princípios que tinha. Raiva, mágoa e ódio podem nos levar a assumir um comportamento e uma postura indesejados por nós mesmos. Esse comportamento também ocorreu devido a muitos conflitos internos que ela sentia na época e não conseguia administrar, pois tudo que seu pai lhe ensinara caía por terra pela atitude dele.

De forma despercebida, nossas lesões emocionais podem nos fazer repetir os comportamentos indesejados de nossos pais. Isso acontece como se fosse a raiva se manifestando, nos tornando revoltados diante das mais diferentes situações, nos fazendo repetir os mesmos erros deles e assumindo os traumas que não são nossos.

Assim como nos outros casos relatados aqui, Antonela também só consegue ter coragem suficiente para dar um passo para mudar sua história quando decide buscar por autoconhecimento; no caso dela, foi por meio da prática de ioga. À medida que ela consegue se conhecer e perceber, identifica os desejos que estariam em seu coração de forma mais intensa. Quando isso acontece, ela relata que "veio um desejo muito forte em seu coração regado de muita coragem". Esse desejo esteve ali por anos, entretanto, por falta de autopercepção e conhecimento sobre si, não havia se dado conta do quanto ele era forte em seu interior.

Além disso, só conseguiu cuidar de si quando viu que seu ambiente familiar estava mais estruturado emocionalmente e sua mãe tranquila perante o casamento, o que nos demonstra que, de forma inconsciente, Antonela carregou certa "responsabilidade" perante a situação que seus pais estavam vivendo e acabou assumindo o papel de mãe, pela própria mãe, carregando culpa e responsabilidades emocionais que não seriam dela, e sim da mãe.

As nossas lesões emocionais acabam por nos fazer assumir o lugar errado em nosso sistema familiar (pai e mãe). Esse ato nos faz carregar um peso desnecessário e acaba por tirar responsabilidades importantes que nossos pais ou até irmãos deveriam assumir. Um peso de responsabilidade que não seria nosso, mas deles, bagunça todo o curso que deveria ser normal e natural em nossa vida.

O medo e a insegurança gerados pelos traumas de Antonela eram tão profundos que a faziam paralisar diante de algumas situações de sua vida, de tal modo que só conseguiu morar em outro país porque teria alguém conhecido no local a esperando. Isso ocorreu porque, na época, ela precisava de segurança emocional, visto que já havia passado por muitas dores e não mais queria passar ou se decepcionar novamente.

A meu ver, mesmo que tenha sido dessa forma, foi uma oportunidade de ouro que ela soube aproveitar, rompendo as correntes que a impediam de alcançar voos mais altos. Na maioria das vezes, é preciso dar o passo com medo mesmo para conseguir transpor certas barreiras emocionais limitadoras em nossa vida. Esse passo só foi possível pelo autoconhecimento e pela autopercepção pela prática de ioga.

Observe que Antonela, após a rica vivência no Havaí, se permitiu ir além, morar na Austrália. Dessa vez, foi sozinha, um avanço rumo à libertação de suas correntes emocionais, encontrando-se profissionalmente. O que a levou a subir mais degraus ainda, rompendo com as dependências emocionais familiares, ao morar longe dos pais. É preciso compreender aqui que romper nossas correntes é um processo, é como se fosse uma escada que precisamos subir, mas só a subiremos rompendo nossa zona de conforto, nos desafiando continuamente.

Quando começamos a identificar nossas lesões emocionais e perceber o quanto nos causam dependência emocional familiar, independentemente de morarmos com nossos pais ou não, realmente é um grande salto para a nossa liberdade, pessoal, profissional e financeira. A libertação dessas correntes é o que nos leva a realizarmos nossos sonhos, sem medo de sermos felizes e nos sentindo merecedores.

Nossa vida pessoal está completamente entrelaçada à profissional, não tem como separarmos. Quando temos problemas como doenças e conflitos com os familiares que mais amamos (pai, mãe, irmão, entre outros), acaba por respingar em nossa vida profissional e na financeira também. À medida que vamos amadurecendo, observando e percebendo a forma como nossos traumas afetam todas as áreas de nossa vida, nasce a oportunidade para não permitir que tais emoções influenciem tanto no rumo da nossa trajetória de vida.

Notamos que isso acontece quando Antonela resolve oficialmente morar na capital e seguir em busca de seu sonho. É nesse lugar que a vida dela começa a alavancar. Nada está separado de nós, todas as esferas da nossa vida - Alma, Corpo e Mente – estão completamente entrelaçadas (falarei melhor sobre isso no próximo capítulo).

Em relação a se envolver com alguém, hoje ela se encontra em uma posição de escolher em vez de ser escolhida e analisará de forma mais criteriosa a pessoa com quem compartilhará sua caminhada. Ao longo de sua jornada de autoconhecimento e experiências, desenvolveu um olhar mais criterioso, tornando-se mais seletiva no que se refere a permitir alguém entrar em sua vida, incluindo amizades, oportunidades de trabalho e parcerias profissionais. Sendo assim, alcançar níveis mais elevados de maturidade emocional nos traz a oportunidade de sermos mais assertivos em nossas escolhas, independentemente da área de nossa vida.

Ressalto que, quando as pessoas se propõem a conhecerem-se de forma mais profunda, conseguem alcançar um perdão verdadeiro e não superficial, porque acabam percebendo o quanto é preciso ter humildade para romper as próprias fraquezas, vulnerabilidades e erros. Seguramente, crer em Deus e a fé nele nos ajudam a perseverar nessa caminhada de busca pela melhor versão de nós mesmos.

CONCLUSÃO DA ANÁLISE DOS CASOS

Ao analisar os cinco casos relatados, é possível identificar que todas as histórias tratam de lesões emocionais profundas, que impactaram muito a trajetória dessas pessoas, mudando a rota de suas vidas, pois tais traumas acabaram por fazer com que fizessem outras escolhas.

Apesar de serem histórias diferentes e com lesões emocionais distintas, independentemente do gênero (masculino ou feminino), nos cinco casos foi identificado que todas as lesões se manifestavam pelas mesmas emoções, como medo, insegurança, falta de confiança em si, excesso de empatia, baixo nível de coragem, necessidade de aprovação etc.

Também podemos identificar, em três desses casos (1, 2 e 4), o quanto um modelo educativo hostil pode causar traumas profundos, que afetarão o desempenho de uma pessoa, já que uma tomada de decisão errônea pode modificar todo o rumo da caminhada, tanto pessoal quanto profissional. Quando as lesões emocionais estão inconscientes, não se identifica como o impacto pode ser devastador sobre nossa história de vida.

Em todos os casos, sem exceção, todo o discernimento e clareza mental sobre si vieram depois de um tempo que os envolvidos iniciaram uma busca para conhecerem a si próprios, percebendo e observando comportamentos e sentimentos de forma mais profunda. Nessa caminhada, descobriram que era preciso perdoar para romper as maiores correntes emocionais que estavam aprisionando o desenvolvimento do próprio desempenho como pessoas e profissionais.

Somente Vitória conseguiu perdoar mais rápido, pois fazia autoanálise há mais tempo. Quando comparada aos outros casos, ela já tinha alcançado outro nível de maturidade emocional. Pelos relatos, observamos o quanto uma lesão emocional pode atrasar a nossa vida, nos fazer perder tempo com escolhas erradas, mudando o curso natural que ela poderia ter, se tais lesões não estivessem influenciando de forma tão significativa nossas escolhas.

Muitas vezes não entendemos o porquê da vida não andar, mesmo dando duro, fazendo de tudo para vencer. Não nos damos conta de voltar o olhar para nós mesmos, compreendendo sentimentos e comportamentos. Essa é uma ação tão simples, mas que gera mudanças transformadoras no rumo da nossa vida. Não a fazemos porque estamos automatizados mentalmente a olhar para fora, para os outros e jamais para nós mesmos. Assim que aprendemos no meio em que fomos criados: o erro é dos outros, não nosso.

Identificar qual foi o momento em que nosso cérebro registrou o sentimento de dor é importante para que possamos descobrir o que está nos impedindo de ir adiante no que se refere ao desenvolvimento das habilidades necessárias para chegar aonde queremos. Rastrear os vilões das nossas *soft skills* requer uma investigação para identificar possíveis lesões emocionais mais profundas, que possam ter ocorrido em nossa história, para que assim seja possível ressignificar a memória de dor registrada em nosso córtex pré-frontal, reconstruindo um novo entendimento em nosso cérebro, para que tais sentimentos e emoções parem de influenciar nossas escolhas.

Quando atualizamos nosso *drive* mental, conseguimos viver de forma mais leve e plena. Só o fato de entendermos com maior clareza e discernimento a forma como nossos sentimentos e emoções se manifestam dentro de nós, bem como descobrir sua origem, nos oportunizará alcançar maior maturidade emocional. Isso refletirá em nosso desempenho pessoal e profissional; como consequência, mudará nossos resultados. Detectar o que nos desequilibra emocionalmente é o primeiro passo para um melhor desempenho profissional, e isso é desenvolver as *soft skills*.

Quero ressaltar, como fechamento dessa análise, que todos os casos mencionam Deus em sua narrativa. Dessa forma, podemos observar o quanto se apoiar na fé nos ajuda a desenvolver resiliência e constância, outras duas *soft skills* muito importantes para o sucesso da nossa caminhada. Já é mais do que comprovado cientificamente o quanto a fé beneficia as pessoas em vários departamentos da vida, incluindo a saúde mental.

Com o intuito de contribuir para que você se torne um profissional extraordinário e indispensável no mercado atual, compartilho os **CINCO CADEADOS** que tracei com base na análise de conteúdo dos cinco casos relatados neste capítulo. Ao "abrir" esses cadeados, o/a leitor(a) as *soft skills*, gerenciará conflitos de forma mais efetiva e eficiente, desenvolverá uma visão sistêmica mais avançada, um raciocínio rápido e uma mentalidade muito mais estratégica.

Ao aprender a observar e a interpretar o que vivencia no mundo mental, a percepção do que acontece também ao seu redor, tanto no ambiente pessoal (família, amigos, relacionamentos, entre outros) quanto no profissional, se tornará mais apurada e ampliada. Dessa forma, ajudando-o a ser mais assertivo na resolução dos problemas e nas tomadas de decisões pessoais e profissionais.

CADEADO 1

Inicie uma caminhada intensa e constante em busca de se conhecer profundamente, rastreando emoções, medos, traumas e modelo educativo (sua história de vida). Ao identificar os vilões de suas *soft skills*, livre-se do que o impede de alçar voos mais altos no que se refere às habilidades comportamentais. Se precisar, busque apoio de um profissional, assim como as pessoas dos cinco casos relatados fizeram.

CADEADO 2

Descubra seus talentos. Quais são as habilidades que já têm em potencial e quais precisa você necessita desenvolver para chegar aonde deseja? As perguntas-chave aqui são: "O que ama fazer? O que você considera fácil fazer? Com o que deseja trabalhar?". Investigue-se constantemente, assim como Antonela (caso 5) e Igor (caso 2) fizeram.

CADEADO 3

Assim como nos cinco casos relatados, alcance o perdão, independentemente da circunstância. Lembre-se de que mágoa e rancor são gargalos de desperdício energético. Esses sentimentos podem até impulsioná-lo em um primeiro momento, como no caso 3, relatado por Vitória. Entretanto, ciente disso, ela tratou de ir em busca do perdão, porque tais sentimentos estavam adoecendo sua alma, sua mente e seu corpo, também o desenvolvimento das habilidades.

CADEADO 4

Livre-se das correntes emocionais familiares que o aprisionam, fazendo você se sentir culpado ou responsável por situações que não foram geradas por você. Ao romper essas correntes, canalizará energia e foco para trilhar a direção dos seus sonhos. Os cinco casos relataram que, quando romperam tais correntes, os indivíduos conquistaram uma vida mais satisfatória emocionalmente falando. Não me refiro a abandonar nossos familiares, mas nos libertar das correntes que criamos devido às lesões emocionais que nos foram geradas.

CADEADO 5

Mentalmente, crie o hábito de se observar em período integral, para identificar quais vícios comportamentais e mentais estão atrasando sua vida e que, por esse motivo, precisam ser eliminados. Essa prática ajudará a desenvolver uma visão sistêmica mais avançada, consequentemente um raciocínio mais ágil e uma mente mais estratégica – para mim, as três *soft skills* mais importantes, pois, com elas bem desenvolvidas, as outras serão potencializadas. Nos cinco casos relatados, ao desenvolverem as habilidades mencionadas, reconhecerem as emoções e os hábitos mentais e comportamentais, os entrevistados conseguiram ser mais resolutivos e assertivos nas escolhas.

DICA DE OURO

Seja continuamente insaciável na busca pela melhor versão de si. Você pode descansar às vezes, baixar o ritmo se necessário, mas jamais parar.

Por Caren Fernanda Muraro

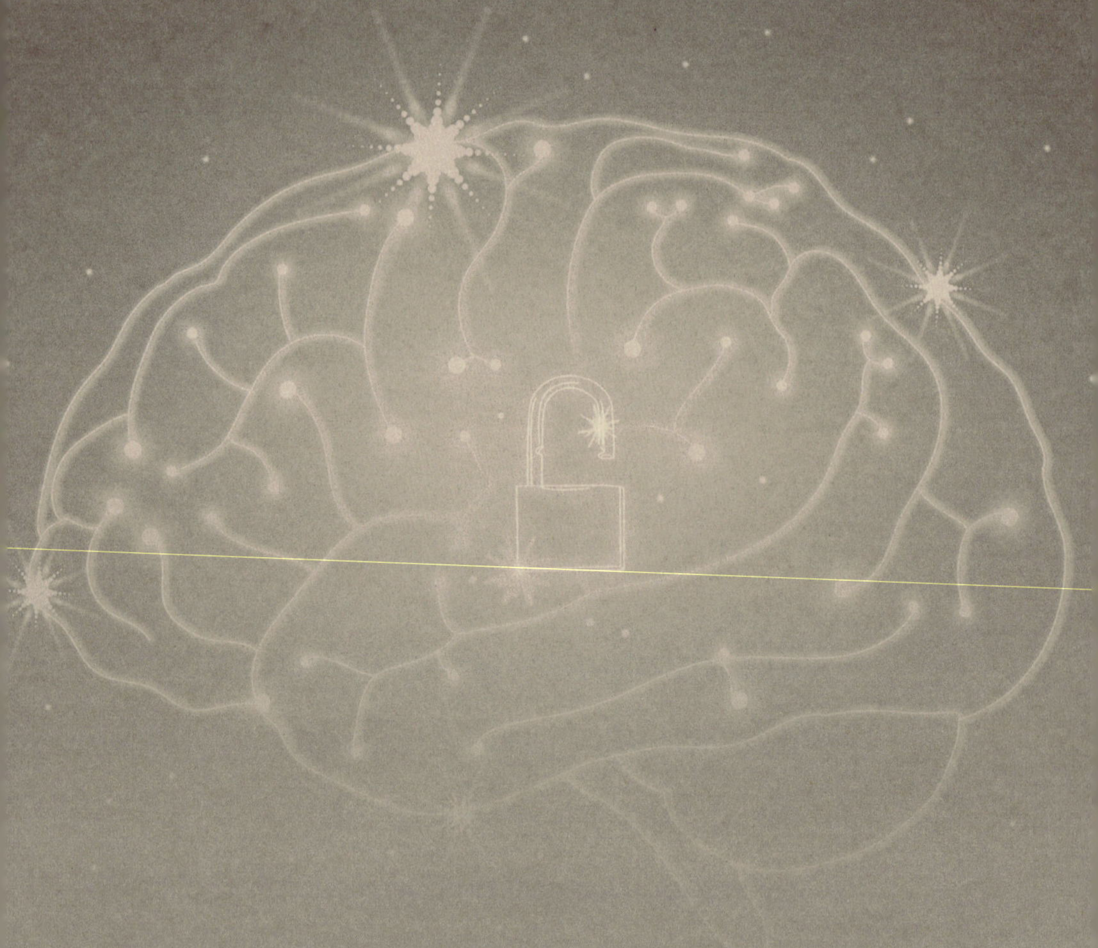

Capítulo 4

CONQUISTANDO AS *POWER SKILLS*

ALTA PERFORMANCE = HABILIDADES FORTES, ÍNTEGRAS E COM VITALIDADE

Você só alcançará o topo do desempenho de suas habilidades comportamentais conseguindo uma personalidade mental forte, autêntica, singular, confiante, inovadora, resiliente, extraordinária e imparável, pela conexão das três esferas que envolvem sua vida: ALMA, CORPO E MENTE.

Com base nas narrativas exibidas neste livro, trago um novo caminho para chegar ao topo da *performance* das nossas *soft skills*: as denominadas *power skills*, que apresentam como característica habilidades comportamentais apoiadas em uma personalidade mental de força, integridade e vitalidade.

Este caminho que apresento é em direção a uma jornada de **conexão com as três esferas (alma, corpo e mente) que dão suporte a toda nossa vida**. Hoje, depois de 24 anos desenvolvendo minhas *soft skills*, não consigo imaginar um caminho mais rápido e bem-sucedido para potencializar tais habilidades e alcançar a melhor versão de si mesmo. É um caminho que ultrapassa a fronteira das habilidades comportamentais.

Imagine uma pirâmide em que as três esferas da vida se alimentam (retroalimentação da alma, corpo e mente). A ideia central é que, ao alimentar as três esferas, uma potencializará a outra. Para que isso aconteça, é necessário incluir na rotina diária, de forma cíclica, práticas que alimentarão a alma, que alimentará a mente, que alimentará o corpo. Assim, será possível extrair o potencial ao máximo.

É importante que essas três esferas estejam constantemente em harmonia, para que seja possível alcançar um fluxo de vida saudável e aumento constante da capacidade intelectual. Portanto, é preciso ter persistência e foco para não abandonar essa rotina.

Nos capítulos anteriores, expliquei que, para desenvolver as *soft skills*, é preciso ampliar a capacidade interpretativa por meio do autoconhecimento, focando o desenvolvimento das habilidades de observação + percepção + identificação das lesões emocionais.

Tudo isso nos levará a expandir a capacidade intelectual (capacidade de tomar decisão, pensar e aprender) e, junto a esse processo, também vamos alcançando maturidade emocional. Mas tudo o que foi ensinado até agora se refere à nossa mente. Para avançar ainda mais nessa caminhada e conseguir conquistar as *power skills* (habilidades fortes, íntegras e com vitalidade), é preciso cuidar das outras duas esferas (alma e corpo), igualmente importantes em nossa vida, para acelerar ainda mais o processo de expansão da nossa capacidade intelectual.

CAMINHO PARA CONQUISTAR AS *POWER SKILLS* PELA PIRÂMIDE DA VIDA PLENA

De forma simples e fácil, explicarei como podemos fazer o caminho que proponho na figura a seguir.

Figura 3 – Pirâmide da vida plena, para conquistar as *power skills*.

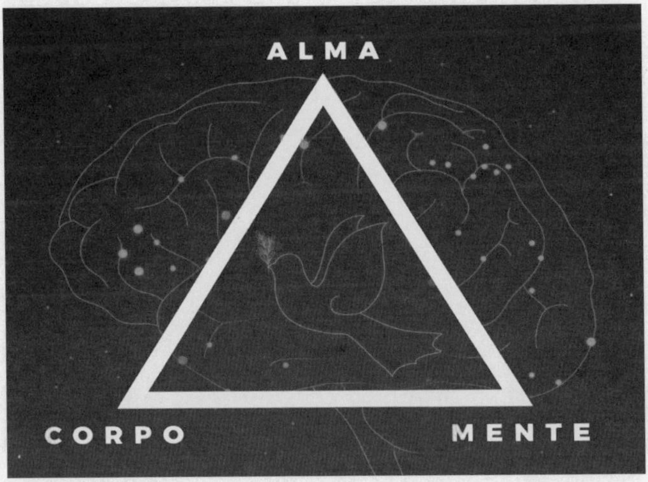

Fonte: elaborada pela autora / Figura: Freepik / Adaptação: Raul Vargas.

ALMA

Quando falo sobre alma, me refiro ao fato de que precisamos estar em uma caminhada de fé em conexão diária com Deus, ou seja, em unidade com Ele. Porém, é preciso aprender a fazer essa conexão de forma mais acertada, de modo que gere resultados significativos em nossa vida; caso contrário, acredito ser meramente perda de tempo.

Como estar em unidade com Deus? Jesus deixou um ensinamento para que cada um consiga estar em unidade com Deus e alcançar uma caminhada mais leve e intencional aqui na Terra. Em Romanos, capítulo 12, versículo 5, no qual o apóstolo Paulo escreve sua carta mais longa exposta nas escrituras sagradas aos membros da igreja em Roma, dizendo: "Assim, nós que somos muitos, somos um só corpo em Cristo, mas individualmente somos membros uns dos outros".

A unidade que deve prevalecer dentro de nós com Deus significa estar em um só corpo e um só espírito em unidade com Ele, algo único e não separado, igualmente aos membros do corpo físico. Para que essa unidade aconteça, é preciso estar **em um só corpo e um só espírito com Ele**, em vida, de forma mental, comportamental e espiritual.

Conheço muitas pessoas que acreditam estar em unidade com Deus, entretanto, percebem que as coisas não mudam, que vivem em um círculo vicioso de fatos e acontecimentos repetitivos em suas vidas, que não conseguem entender por que os resultados não mudam. Essas pessoas percebem que as coisas não acontecem, como se a vida delas não andasse, às vezes melhora um pouco, mas depois de um tempo as coisas tornam a se repetir, mantendo-se nesse círculo. Isso acontece devido a uma unidade com Deus fraca, instável e distorcida. Sei disso porque já foi assim para mim também.

Se você acredita que tem uma forte unidade com Deus, mas seus resultados na vida pessoal ou profissional não mudam, significa que é preciso modificar a forma e o caminho que está buscando essa unidade, pois ainda não aconteceu da forma correta. É só observar seus resultados para comprovar o que estou explicando aqui.

São nossos resultados que mostram se estamos no caminho certo ou não, tanto na vida pessoal e profissional quanto na espiritual. Conheço pessoas capacitadas intelectualmente e que já têm as *soft skills* bem desenvolvidas, entretanto não têm unidade com Deus, não possuem uma rotina de alma, diária, o que gera uma vida vazia, sem sentido, regada de muito desânimo, refletindo em relacionamentos conturbados e uma vida profissional limitada, desmotivada e, muitas vezes, solitária.

Hoje, sabe-se o quanto a fé pode trazer benefícios para nossa vida, acalmando nossa mente, nos alicerçando para adquirir um estado emocional mais equilibrado e neutro, refletindo em um corpo mais saudável, por estarmos menos ansiosos e estressados. Uma mente calma expandirá ainda mais as habilidades de observação e percepção que precisamos para avaliar emoções e comportamentos de forma mais criteriosa.

No entanto, o que quero explicar é o quanto é importante alcançar uma unidade mais elevada com Deus, que faça a diferença significativa em nossa vida e que venha nos apoiar para conquistar melhores resultados.

Eu sempre tive fé em Deus, no entanto, nem sempre tive uma rotina diária de oração. Normalmente fazia isso quando as coisas em minha vida estavam mais difíceis. Ao longo dos anos, fui buscando mais oração e conversando com Deus à noite e observando que, quando estava mais próxima dEle, sentia-me muito mais calma, o que fazia meu dia fluir muito melhor.

Desde meus 18 anos, iniciei uma peregrinação religiosa, buscando essa unidade sublime com Deus, porém, devido a alguns problemas familiares e religiosos que passei pelo caminho, por muito tempo (sete anos) acabei me afastando, mas confesso que, até então, mesmo estudando sobre o assunto e conhecendo muitas religiões, não havia ainda aprendido o que era ter unidade com Deus, o que só conquistei quando estabeleci a minha rotina de alma com Ele.

Conheci uma pessoa que, com o tempo, se tornou minha amiga, bem como sua família, com a qual também nutri uma amizade. Por meio de algumas conversas, fui entendendo que minhas práticas com Deus eram fracas, instáveis e acabavam por gerar pouca conexão com Ele. Entre algumas de nossas conversas e idas à igreja à qual frequentavam, fui entendendo que precisava ter uma rotina diferente para alcançar uma unidade com Deus mais elevada e bem-sucedida.

Então, eu e minha família começamos a frequentar essa igreja semanalmente. Aos poucos, fui trazendo para minha rotina diária orações pela manhã e à noite, sempre apoiadas pela Bíblia, e, o mais importante, me dediquei a estudar as escrituras sagradas por no mínimo uma hora, até que eu estabelecesse essa rotina de alma diária e definitiva. Levou dois meses para que a rotina viesse a fazer parte dos meus dias.

Meus estudos sobre as escrituras sagradas não eram abrir a Bíblia aleatoriamente e ler um versículo ou dois como fazia antigamente quando tinha vontade, inclusive descobri que esse era o motivo pelo qual nunca entendia a Bíblia, mas sim ler o Novo Testamento desde o início. Como um estudo mesmo, sobre cada livro descrito. Quando iniciei essas práticas, muitas mudanças aconteceram em minha vida e no meu interior, porque comecei a esclarecer muitas das minhas dúvidas. Então, tudo começou a fazer mais sentido.

Essa rotina me possibilitou entender por que precisamos buscar por tal unidade divina para que todas as esferas de nossa vida fluam bem. Quando estava estudando o livro do apóstolo Mateus, no capítulo 26, versículos 26-29, tive clareza e discernimento para compreender o que era necessário fazer para alcançar minha unidade com Deus mais elevada.

> 26 Enquanto comiam, Jesus tomou o pão, deu graças, partiu-o e o deu aos seus discípulos, dizendo: "Tomem e comam; isto é o meu corpo".
>
> 27 Em seguida tomou o cálice, deu graças e o ofereceu aos discípulos, dizendo: "Bebam dele todos vocês.
>
> 28 Isto é o meu sangue da aliança, que é derramado em favor de muitos, para perdão dos pecados.
>
> 29 Eu digo que, de agora em diante, não beberei deste fruto da videira até aquele dia em que beberei o vinho novo com vocês no Reino de meu Pai" (Mateus 26: 26-29).

Quando Jesus pronuncia essas palavras, demonstra o quanto sabia sobre sua crucificação e já esclarece aos apóstolos que estavam ali na Santa Ceia com Ele ensinando a todos, inclusive a nós, o caminho para alcançar a unidade mais sublime, divina e elevada com Deus.

Seu sangue derramado por nós na cruz não somente limpa nossos pecados, mas estabelece uma nova era, um tempo no qual, após sua ressurreição pela glorificação, estabeleceu uma nova aliança para nos conectarmos com Deus. Essa aliança só foi possível pelo sacrifício de Jesus por nós na sua crucificação.

Após sua glorificação, que aconteceu na ressurreição, a nova aliança foi homologada entre o céu e a terra, significando que, para entrar em unidade, em um só corpo e em um só espírito com Deus, é preciso colocar em prática o que é descrito na nova aliança, que está detalhado no Novo Testamento. Para conseguir essa unidade, é preciso lê-lo do início ao fim e aprender o que precisa ser feito para alcançar tal unidade com Deus.

Também é necessário entender que Jesus precisou morrer na cruz e ressuscitar para vencer a morte, testificando ao mundo que quem está em Cristo tem vida eterna após a morte, além de ganhar o maior poder entre o céu e a terra em vida. Ele ganha ainda mais poder na sua ressurreição, glorificado por Deus.

Entretanto, só é possível entender o caminho que devemos seguir para ter tal unidade com Deus se seguirmos a nova aliança estabelecida em seus três anos e meio de ministério. E só entenderemos o caminho lendo e estudando o Novo Testamento. Devido ao poder concedido por Deus após sua crucificação ao pedir ajuda, ele nos envia o Espírito Santo para nos guiar pela sabedoria divina a alcançarmos uma vida satisfatória e plena em todos os setores da nossa vida.

Outro ponto importante a ser destacado aqui sobre a importância da nova aliança descrita no Novo Testamento é em relação aos dons e talentos que nos foram dados por Deus. Todos nós possuímos vários dons e talentos, porém, para muitos, são desconhecidos por ausência de autoconhecimento ou até mesmo por falta de confiança em si, de se achar "um sem talento". Porém, independentemente do potencial que ainda está desconhecido de nós mesmos, temos dons.

Em 1 Coríntios, capítulo 12, versículo 1-1, nos é esclarecido que toda a capacidade e poder dos dons são comandados pelo Espírito Santo, ou seja, após selarmos a nova aliança com Jesus (batismo) e seguirmos entendendo e praticando o Novo Testamento, tais dons acabam sendo cada vez mais potencializados em nós, pelo poder do Espírito Santo conectado pela nossa fé e unidade com Deus.

1 A respeito dos dons espirituais, não quero, irmãos, que sejais ignorantes.

2 Sabeis que, outrora, quando éreis gentios, deixáveis conduzir-vos aos ídolos mudos, segundo éreis guiados.

3 Por isso, vos faço compreender que ninguém que fala pelo Espírito de Deus afirma: Anátema, Jesus! Por outro lado, ninguém pode dizer: Senhor Jesus!, senão pelo Espírito Santo.

4 Ora, os dons são diversos, mas o Espírito é o mesmo.

5 E também há diversidade nos serviços, mas o Senhor é o mesmo.

6 E há diversidade nas realizações, mas o mesmo Deus é quem opera tudo em todos.

7 A manifestação do Espírito é concedida a cada um visando a um fim proveitoso.

8 Porque a um é dada, mediante o Espírito, a palavra da sabedoria; e a outro, segundo o mesmo Espírito, a palavra do conhecimento.

9 A outro, no mesmo Espírito, a fé; e a outro, no mesmo Espírito, dons de curar.

10 A outro, operações de milagres; a outro, profecia; a outro, discernimento de espíritos; a um, variedade de línguas; e a outro, capacidade para interpretá-las.

11 Mas um só e o mesmo Espírito realiza todas estas coisas, distribuindo-as, como lhe apraz, a cada um, individualmente (1 Coríntios 1:11).

Para encontrar uma unidade com Deus, pura e verdadeira, é preciso habitar em Cristo, praticando seus ensinamentos e aceitando a nova aliança (batismo), porque Ele já habita em nós. Entretanto, necessitamos habitar nele, para que aconteça a unidade divina perfeita, pelo estudo do Novo Testamento aplicado em nossa vida. Somente dessa forma conseguiremos alcançar uma unidade com Deus bem-sucedida, profunda e sobrenatural, pois nossos dons e talentos serão potencializados a cada dia.

Temos um chamado a cumprir, e é por esse motivo que cada pessoa tem seus dons, para que esse propósito seja cumprido com excelência. Entretanto, pelo fato de nossa unidade com Deus ser frágil, instável e distorcida, abandonamos nosso chamado e focamos o caminho que acreditamos ser mais "rentável", ou nos acomodamos por medo e insegurança de buscar um novo caminho, aquele que está em nosso coração.

Nem todos fazem profissionalmente o que amam. É nesse ponto que nosso chamado e nossos dons se encontram. A ausência de autoconhecimento também faz com que nos afastemos da nossa essência divina, assim não usufruindo dos dons que recebemos de Deus. Isso significa que, ao se conhecer de forma mais profunda, ajuda-se a cumprir com o chamado e alcançar a unidade com Ele.

Por exemplo, quem ama ensinar precisa fazer isso de alguma forma; quem tem o dom cuidar de pessoas doentes também; quem tem o dom de se comunicar, igualmente; quem é chamado para evangelizar; e assim por diante. Quando estamos em unidade com Deus de forma elevada, o chamado grita em nosso interior. Por isso, as pessoas alcançam tal unidade fazendo transição de carreira ou até iniciando trabalhos voluntários, que também é uma forma linda de cumprir com o chamado. Quando estamos atuando em tal chamado, nossos dons se expandem exponencialmente a cada dia.

Eu nunca havia experienciado uma unidade com Deus tão elevada, tão profunda como depois da aliança e ao começar a praticar a minha **rotina da alma** com Ele. Hoje me sinto guiada o tempo todo, encontrei mais equilíbrio emocional e mental, o que me oportunizou alcançar melhor desempenho (produtividade) em meu dia. Dessa forma, consigo cuidar melhor de mim explorando meu autoconhecimento e ampliando minha capacidade intelectual, porque me sinto em paz e confiante.

Outro detalhe importante que quero compartilhar é que essa rotina me conectou ainda mais com minha autenticidade, o jeito único que cada um tem de ser, trazendo maior confiança em mostrar para as pessoas quem eu sou, tomando posse da minha verdadeira identidade, aquela que Deus criou, libertando-me de medos, inseguranças, crenças e tabus que eu mesma havia criado em minha mente.

Essa autenticidade transparece no meu trabalho nas redes sociais, não tendo mais medos de expor minha opinião e compartilhar meus conhecimentos de forma leve e com autenticidade. Ao longo dessa jornada, descobri que, quando conseguimos estar em uma verdadeira unidade com Deus, a nossa vida flui muito melhor no pessoal, no profissional e no financeiro.

Não significa que não teremos desafios, problemas e tristezas, mas, quando aprendemos as escrituras e fazemos a nova aliança com Jesus, os desafios são encarados e absorvidos de forma diferente, mais leve, com mais sabedoria, maturidade emocional e espiritual.

Renovar a nossa fé diária nos fortalece mental e emocionalmente, fazendo a vida fluir (acontecer), pois saímos da inércia e do escuro. Aceitar a nova aliança ilumina nossa caminhada e nossa visão para escolhas mais intencionais quando entregamos a Ele com fé o comando da nossa vida.

Por muitos anos, pensei que verbalizar de joelhos a Deus que cuidasse da minha vida fosse suficiente, mas hoje aprendi que DEUS se pratica, é preciso ter atitudes com Ele, rotina para estar em uma unidade de excelência diária e aceitar a aliança que Jesus nos propõe no Novo Testamento.

Assim que iniciei minha **rotina de alma**, na correria do dia, algumas vezes quebrava, não a sustentando. Observei por várias vezes o quanto, no dia em que não fazia a rotina, minhas emoções e mente ficavam mais confusas e turbulentas, e o dia se tornava mais cansativo e exausto. Dessa forma, fui compreendendo que, para estabelecer uma conexão de unidade com Deus, era preciso fazer a rotina da alma sem interrompê-la; aos sábados e domingos também.

Aprendi que é de extrema importância entender as escrituras sagradas, o Novo Testamento, começando do início e indo até o final e não abrindo a Bíblia aleatoriamente ou deixando-a aberta em casa achando que nos protegerá. Compreender de forma mais profunda por que Jesus veio habitar a Terra e qual o verdadeiro significado da sua crucificação é uma das coisas que fará a diferença para que seja estabelecida a unidade com perseverança.

O entendimento de forma rasa ou escutar de outras pessoas a opinião religiosa não foi o suficiente para que eu conseguisse estabelecer uma unidade elevada com Deus. Somente quando me propus ir à igreja e estudar de forma disciplinada a Bíblia, fazendo a minha aliança com Jesus é que essa unidade foi bem-sucedida.

Nos cinco casos apresentados neste livro, a fé em Deus e o perdão foram necessários para que as pessoas acessassem uma vida mais plena e com paz de espírito. Ao estudar as escrituras sagradas, descobri por que o ato de perdoar é tão importante, um impulsionador para abraçar tal unidade a que tanto me refiro aqui. Em vista dos relatos e das análises descritas no capítulo anterior e com base nas escrituras sagradas, é preciso aprofundar o entendimento sobre o ato de perdoar.

O PODER DO PERDÃO

Há muito já estudava sobre os benefícios do perdão, mas quando me aprofundei nas escrituras sagradas, tive o entendimento do porquê existe um poder muito forte no ato de perdoar.

No livro em que Mateus descreve, no capítulo 6, versículos de 9-15, a oração modelo que Jesus nos ensinou (Pai-Nosso), na parte que fala sobre "12 perdoar as nossas dívidas como também nós perdoamos a nossos devedores", para Deus nos perdoar de nossos pecados, precisamos perdoar àqueles que nos ofenderam, machucaram e magoaram, independentemente de quaisquer circunstâncias que a dor, a mágoa ou o rancor tenham acontecido.

Nos versículos: "14-15 porque se perdoar aos homens suas ofensas, também o vosso pai perdoará as suas, porque se não conseguir perdoar a quem te ofendeu, também vosso pai não vos perdoará". Ao sentirmos rancor e mágoa em nossa mente e coração, estaremos em pecado, o que não nos permite uma conexão plena de unidade com Deus. Então, para que essa unidade aconteça, é preciso primeiro perdoar e eliminar esses sentimentos, assim Ele nos perdoa e volta a se aproximar de nós em unidade.

Em vista disso, toda vez que estamos com esses sentimentos (pecado), nos afastando dessa unidade, nos sentimos ansiosos, com pensamentos autodestrutivos, ausência de paz interior e retornamos para uma vida turbulenta e cansativa, cheia de tropeços e escolhas não assertivas.

Quatro dos casos (1, 2, 4 e 5) relatados no capítulo anterior confirmam o que descrevo aqui, a ausência e demora do perdão fizeram com que as pessoas perdessem tempo em suas vidas, pois o rancor e a mágoa as fizeram ter escolhas pouco assertivas e baixa conexão com Deus, imergidas nas lesões emocionais.

Já a Vitória (caso 3), que conseguiu reverter a situação, não permitiu que esses sentimentos impactassem em sua tomada de decisão, o que refletiu em amadurecimento pessoal e profissional, melhorando seu desempenho no atendimento com os clientes. Ela narra o quanto sua busca por Deus, ao ser mais intensa naquele momento, a ajudou a olhar de forma mais madura para a situação problemática a qual estava vivendo. O perdão tem poder em nossa vida, pois estabelece uma conexão elevada de unidade com Deus.

Tendo como referência os casos relatados, o quanto nossas lesões emocionais também nos afastam da verdadeira unidade divina, pois tais traumas nos fazem ficar imersos e cegos diante de pensamentos e sentimentos ruins que ruminamos para as outras pessoas. Quando julgamos, nos sentimos inferiores, nos colocamos como vítimas, sentindo inveja e por aí vai.

Essa unidade, além de nos permitir adquirir estabilidade emocional e mental, nos ajuda a ter uma vida mais íntegra, uma conduta mais ética, um comportamento mais humano com tudo e todos ao nosso redor, conseguindo maior virtude em nosso pensamento e comportamento com o próximo.

Atualmente, sou rigorosa no meu comprometimento com tal rotina, e a cada dia percebo o quanto tenho colhido bons frutos com a caminhada que optei por incluir em minha vida, cuidando da minha ALMA.

Por esse motivo, do fundo do meu coração, deixo aqui a minha rotina da alma para quem quiser conquistar uma vida mais leve e plena.

ROTINA DA ALMA

- **1x por semana** frequento a igreja na intenção de renovar a minha fé.
- **2x ao dia (manhã e noite)** leio a Bíblia pelo aplicativo de celular, reflito sobre a palavra e converso com Deus (duração: 15 minutos cada). Caso esteja passando por situações difíceis, incluo esse procedimento também após o almoço, totalizando 3x até as coisas se acalmarem, se necessário incluo jejum (sacrifício) para alcançar paz espiritual rapidamente.
- **Uma hora por dia,** ou mais, estudo as escrituras do Novo Testamento (contém 27 livros com testemunhos e relatos sobre os ensinamentos que Jesus nos deixou). A Bíblia Sagrada menos alterada e mais confiável é a Almeida Corrigida Fiel (ACF).
- **O que aprendo nas escrituras coloco em prática** de forma contínua e diária.
- **Tenho o hábito mental de conversar com Deus** durante meu dia e pratico a gratidão, por Jesus ter sido crucificado por todos nós e sobre o reconhecimento das conquistas que já obtive, independentemente do tamanho (pequenas ou grandes).
- **Esquivo-me de lugares** e de conversas que podem gerar possíveis conflitos.

DICA 1: pode-se começar a rotina de alma aos poucos, como eu fiz. Primeiro inicie a igreja; depois, baixe o aplicativo em seu celular e comece a incluir as orações com versículo bíblico. Eu só incluí os estudos bíblicos depois de dois meses, mas pode fazer conforme sua vontade, só não demore muito. Também pode construir a própria rotina usando a minha como base, se precisar. É importante identificar as mudanças no seu interior e na sua vida, isso o motivará a seguir firme na jornada.

Nossa caminhada precisa ser em busca de servir a Deus de alguma forma, essa é a verdadeira e única essência da vida. Então, você pode fazê-la de várias maneiras, dando seu tempo para ajudar na igreja, em uma ONG, em orfanatos, ensinando a palavra, escrevendo um livro, enfim pode escolher de que forma caminhará na essência de vida divina, mas instigo a cuidar da sua alma pela **rotina da alma**, para alcançar uma unidade com Deus mais elevada e efetiva.

Quando encontramos a verdadeira unidade com Deus por intermédio de Cristo, nos tornamos fontes de inspiração divina, sabedoria e criatividade. Fonte divina pessoal **NUNCA SECA**, transborda em nós até o último suspiro de vida.

CORPO

Quando me refiro ao corpo, não é só sobre ter uma rotina com bons hábitos alimentares e atividade física, pois isso é indiscutível quanto à importância e aos benefícios, mas falo em buscar por maior neuroplasticidade, capacidade que nosso sistema nervoso possui em modificar as funções e a estrutura por meio de diferentes experiências.

O que quero explicar aqui e que talvez seja algo ainda desconhecido para muitos é que podemos usar o corpo para ampliar a capacidade intelectual, potencializando a mente, as habilidades comportamentais e a maturidade emocional.

Tanto nas crianças quanto nos idosos, existem benefícios para o cérebro em desenvolver as habilidades motoras. Então, por que nos acomodamos em nossa fase adulta e abandonamos tal prática, se é algo que nos favorece tanto?

Quando praticamos novas habilidades motoras, ajudamos o cérebro a construir sinapses neurais (capacidade de fazer e desfazer ligações, cruzamento de informações), principalmente se optarmos por fazer atividades que nos desafiam, como aquelas que nos despertam mais medo.

Quanto mais frequentemente nos submetermos a praticar novas habilidades motoras, mais sinapses neurais serão geradas. Dessa forma, além de potencializar a capacidade intelectual, vamos preservar os neurônios que já temos e que perdemos ou atrofiamos pelo avanço da idade.

Ao incluirmos na rotina de vida tais práticas, além de desenvolver um raciocínio mais ágil e estratégico, ampliaremos a capacidade interpretativa por meio de novas conexões neurais e aprendizado gerados no cérebro. Um cérebro mais ativo e saudável contribuirá para se tornar mais resolutivo e acertado ao enfrentar as diversas situações na vida pessoal e profissional.

Desse modo, instigo a inserir na rotina o uso do corpo por meio da vivência da prática de novas atividades para expandir a capacidade intelectual. **Mas como fazer isso?**

É preciso se propor a sair da zona de conforto, aprender algo novo e se aventurar a experimentar aquilo que se sente incapaz, que gera medo. A ideia principal aqui é romper a fronteira das próprias dificuldades e das limitações. Por exemplo, se tem medo de água, aprenda a nadar; se tem medo de altura, pratique arvorismo. Comece aos poucos, em níveis de iniciante, e se supere a cada dia ou a cada tentativa.

Aprender a tocar algum instrumento musical, a pintar, treinar novos esportes ou realizar práticas de atividades físicas diferentes das que já faz também ajudará muito nesse processo.

As práticas de esportes radicais também impulsionarão a capacidade intelectual do cérebro e as habilidades emocionais. Então, sugiro que, sempre que tiver oportunidade, seja corajoso e se permita romper suas limitações, experienciando as inúmeras possibilidades radicais que a vida nos oferece.

Recentemente me propus a aprender *beach* tênis, o qual tem me ajudado muito a desenvolver ainda mais uma mentalidade estratégica, focada e ágil. Nos anos anteriores, aprendi a tocar piano e, no período de aprendizado, percebi que meu cérebro produziu novas sinapses neurais e melhorei minha memória. Por um tempo de dois meses, também fui praticar canoagem havaiana, aprimorando ainda mais meu senso de equipe e liderança.

A proposta aqui não é alta *performance*, apenas um tempo determinado por si mesmo, propondo-se a superar suas limitações e gerar novas sinapses neurais. Entretanto, por mais desafiador que seja, busque fazer isso de forma prazerosa, leve e sem cobrança, apenas se permitindo explorar novas experiências.

Com 26 anos, devido a um cargo de diretora executiva que assumi, fui praticar hipismo, exatamente para superar meu pavor de cavalo. Em três anos, curei esse pavor e potencializei de forma significativa meu senso de equipe e de liderança, me tornando mais segura e confiante diante dos inúmeros desafios profissionais que haviam surgido naquela época. Pelo fato de ser muito nova e inexperiente, esses desafios foram ainda maiores.

Ao longo do tempo, observei que o hábito de usar o corpo para aprender coisas novas expandiu muito minha capacidade de raciocinar e minhas habilidades emocionais. Isso comprova que essa prática de forma consciente também potencializa ainda mais o desenvolvimento das *soft skills*, porque nos desafia a romper muitos de nossos limites, incapacidades de aprendizado, medos e inseguranças.

Incluir esse hábito ajudará a desencadear processos facilitadores da neuroplasticidade e a potencializar o cérebro para aumentar a capacidade de responder a novas demandas comportamentais. Gerar novas sinapses neurais, além de expandir nossa capacidade intelectual, nos ajuda a alcançar níveis mais elevados de maturidade emocional e gerenciamento de conflitos.

Utilize seu corpo de forma inteligente, propondo-se de forma consciente a superar limitações, romper as fronteiras do medo e expandir ainda mais a capacidade intelectual pelas novas sinapses neurais.

MENTE

Comentei muito sobre a mente no capítulo 2 e no final do capítulo 3 (análises dos casos) deste livro e no meu livro já publicado *(As 10 poderosas soft skills de Jesus).*

É necessário desenvolver as duas habilidades (pilares) principais das *soft skills*: observação e percepção (autoconhecimento), voltando a atenção para nós mesmos e nosso comportamento, mapeando e identificando nossas lesões emocionais. Ao passo que vamos treinando tais habilidades, é importante termos o conhecimento de qual será o modelo de mentalidade que precisaremos alcançar, conforme vamos nos conhecendo e ampliando a capacidade interpretativa sobre nós mesmos.

Para que tenhamos o comportamento mental e atingir a capacidade máxima de desenvolvimento de nossas habilidades, as *power skills*, descrevo a seguir cinco características de uma mentalidade que ajudará a potencializar ainda as habilidades.

CARACTERÍSTICAS DE UMA MENTALIDADE *POWER*

1. **Mentalidade interpretativa e observadora**

   Ser observador de si mesmo e do que acontece ao seu redor, interpretando e trazendo para o aprendizado contínuo de autoconhecimento.

2. **Mentalidade com maturidade emocional**

   Aprender a reconhecer, aceitar e compreender o nível de sua maturidade emocional atual e se desenvolver para lidar com suas emoções e as dos outros de forma equilibrada e neutra, administrando e gerenciando de forma madura qualquer situação difícil que encontrar.

3. **Mentalidade estratégica**

   Uma mentalidade estratégica sempre tem um alvo ou meta a alcançar. Trace um plano de ação para isso, sabendo o que está fazendo, por que está fazendo, aonde quer chegar com as ações planejadas, identificando e selecionando as pessoas certas para alcançar tais metas.

4. **Mentalidade elástica e visionária**

   Flexibilidade e adaptabilidade são fundamentais para uma mente elástica. Essa mentalidade sabe lidar com imprevistos, adversidades e com pessoas que são inovadoras, originais e pensam de forma não convencional ("fora da caixinha"). A mentalidade visionária consegue calcular passos, ações e tomadas de decisões necessárias de forma antecipada comparada às outras pessoas.

5. **Mentalidade forte**

   São pessoas que assumem as responsabilidades, sem culpar os outros, não se colocam como vítimas diante das situações. São mais resistentes emocionalmente, não se abalam por qualquer motivo, suas emoções não são de vidro, pois não levam os acontecimentos diários para o lado pessoal.

É importante compreender que nossa vida possui essas três esferas e não tem como anular qualquer uma delas, principalmente se deseja alcançar seus sonhos, porque, para que isso aconteça, será preciso iniciar uma jornada em busca de se tornar a melhor versão de si mesmo.

O caminho que compartilho de **alma, corpo e mente,** assim como foi importante para mudar meus resultados, acredito que ajudará com os seus. Alcançar uma vida mais leve e com paz interior o impulsionará para a conquista de maior plenitude na jornada terrena.

Se optar por essa caminhada, não deixe de compartilhar comigo nas redes sociais (@dra.carenfernanda). Ficarei imensamente feliz com a notícia de que, de alguma forma, contribuí para que, assim como eu, você siga rumo a explorar a melhor versão de si mesmo, tornando-se inesgotável fonte de inspiração divina por onde passar.

DICA DE OURO

Atuar em nosso chamado usando nossos dons, alcançar o perdão e praticar uma rotina para alimentar a nossa alma, ajudará a conquistarmos uma unidade com Deus elevada e bem-sucedida, isso refletirá em uma vida mais plena em todas as esferas, porque nos tornamos fonte de inspiração e sabedoria divina; e esta fonte jamais seca.

Por Caren Fernanda Muraro

MENSAGEM DA AUTORA PARA O LEITOR

A vida é uma constante, incerta, tantas vezes turbulenta e cansativa, mas, apoiados pelos ensinamentos de Jesus, conseguiremos alcançar uma unidade divina elevada. E essa seguramente nos guiará para um caminho acertado para nosso desenvolvimento pessoal e profissional de forma leve, com alegria e em glória.

Por Caren Fernanda Muraro

REFERÊNCIAS BIBLIOGRÁFICAS

5 CARACTERÍSTICAS das pessoas emocionalmente imaturas. *A Mente é Maravilhosa*, 30 mar. 2017. Disponível em: https://amenteemaravilhosa.com.br/pessoas-emocionalmente-imaturas/. Acesso em: 05 dez. 2023.

6 BENEFÍCIOS poderosos do choro. *Mundo Psicólogo*, 22 out. 2020. Disponível em: https://www.mundopsicologos.pt/artigos/6-beneficios-poderosos-do-choro. Acesso em: 25 fev. 2024.

9 EM cada 10 profissionais são contratados pelo perfil técnico e demitidos pelo comportamental. *G1 Economia*, 18 set. 2018. Disponível em: https://g1.globo.com/economia/concursos-e-emprego/noticia/2018/09/18/9-em-cada-10-profissionais-sao-contratados-pelo-perfil-tecnico-e-demitidos-pelo-comportamental.ghtml. Acesso em: 12 jan. 2024.

CLONINGER, C. R. A importância da consciência ternária para a superação das inadequações da psiquiatria contemporânea. *Arquivos de Psiquiatria Clínica*, São Paulo, v. 40, p. 110-113, abril de 2013.

CLONINGER, S. Questões conceituais na teoria da personalidade. Manual de Psicologia da Personalidade de Cambridge, v. 4, pp. 3-26, 2009.

ENGELKE, M. 8 sinais da imaturidade emocional. *Liberty Counselling*, 29 ago. 2022. Disponível em: https://libertycounsellingluxembourg.com/8-sinais-da-imaturidade-emocional/?lang=pt-br. Acesso em: 15 dez. 2023.

FERREIRA, R. T. Conflitos pessoais: o que são e como lidar?. *Psicólogo e Terapia*, 1 dez. 2016. Disponível em: https://www.psicologoeterapia.com.br/blog/conflitos-pessoais/. Acesso em: 05 fev. 2024.

FRANCISCO, A. L. M.; CARDOZO, V. L.; FORTUNATO, I. A teoria das inteligências múltiplas e o ensino de física. *Imagens da Educação,* v. 13, n. 4, p. 174-205, 9 dez. 2023.

GONÇALVES, M. *Plasticidade neural, neurociência e educação: as bases do aprendizado.* Disponível em: https://periodicos.uem.br/ojs/index.php/ArqMudi/article/view/53548. Acesso em: 17 fev. 2024.

HENRIQUES, M. É possível herdar traumas de nossos pais? *BBC*. Disponível em: https://www.bbc.com/portuguese/vert-fut-48139796. Acesso em: 22 ago. 2023.

LIMA, M. C. G. Plasticidade neural, neurociência e educação: as bases do aprendizado. *Arquivos do Mudi*, Maringá, v. 24, n. 2, p. 30-41, set. de 2020.

MIN, B. et al. The effectiveness of a neurofeedback-assisted mindfulness training program using a mobile app on stress reduction in employees: Randomized controlled trial. *JMIR mHealth and uHealth*, v. 11, out. de 2023.

PIMENTA, P. Empresas contratam por técnica e demitem por comportamento. *LinkedIn*, 2021. Disponível em: https://www.linkedin.com/pulse/91-dos-profissionais-são-contratados-por-suas-técnicas-santos/?originalSubdomain=pt. Acesso em: 10 fev. 2024.

PRIMEIRA semana de emprego: o que fazer e não fazer? *Page Personnel*. Disponível em: https://www.pagepersonnel.com.br/advice/carreira-profissional/dicas-de-carreira/primeira-semana-de-emprego-o-que-fazer. Acesso em: 15 jan. 2024.

Revista Imagens da Educação v. 13, n . 4, pp. 174 – 205, out./dez. 2023. ISSN 2179-8427. Disponível em: https://periodicos.uem.br/ojs/index.php/ImagensEduc/article/view/64249/751375156903

SABATER, V. A mente elástica: a habilidade que todos nós deveríamos treinar. *A Mente é Maravilhosa*, 15 nov. 2021. Disponível em: https://amenteemaravilhosa.com.br/mente-elastica/. Acesso em: 20 fev. 2024.

SANTOS, V. O. 91% dos profissionais são contratados por suas competências técnicas e demitidos por falta de Habilidades Comportamentais!. *LinkedIn*, 4 fev. 2022. Disponível em: https://www.linkedin.com/pulse/91-dos-profissionais-s%C3%A3o-contratados-por-suas-t%C3%A9cnicas-santos/. Acesso em: 10 fev. 2024.

TORRES, Y. Y. Você tem medo de conflitos?. *Psicólogo e Terapia*, 4 out. 2022. Disponível em: https://www.psicologoeterapia.com.br/blog/medo-de-conflitos/. Acesso em: 05 fev. 2024.

VIEIRA, N. Cientistas descobrem o local onde as memórias de medo ficam armazenadas. *CanalTech*, 6 jan. 2023. Disponível em: https://canaltech.com.br/saude/cientistas-descobrem-local-do-cerebro-onde-as-memorias-de-medo-ficam-armazenadas-235216/. Acesso em: 20 nov. 2023.